성공한 사람들의
세 가지 루틴

원하는 삶을 이루는 힘

성공한 사람들의
세 가지 루틴

레오짱 | 이주아 | 서민재 | 최윤희 | 최지희 | 황성원 지음

센시오

성공한 모든 이들이 거둔 최상의 결과에는
언제나 '루틴'이 함께한다

한 번의 운으로 반짝 이름을 알리고 사라지는 것이 아니라, 오랫동안 꾸준히 자신의 분야에서 최고로 자리매김한 사람들. 우리는 이런 이들을 '성공한 사람'이라고 말한다.

이들은 어떻게 최상의 결과를 만들어내는 걸까? 항상 최고의 컨디션을 유지하면서 자신의 능력치를 끌어올려 폭발적으로 터뜨리기 때문이다. 이렇게 성공하는 사람들의 최고 성과 뒤에는 언제나 '루틴'이라는 동반자가 있다.

뚝딱하고 걸작을 그렸을 것 같은 피카소도, 불현듯 상대성 이론을 내놓았을 것 같은 아인슈타인도 결국은 꾸준하게 루틴을 지속한 사람들이었다. 피카소는 평생 무려 14만 점 가량의 작품을 쏟아냈고, 아인슈타인은 1905년에만 논문 다섯 개를 발표했으며, 이후에도 그가 쓴 논문은 248개나 된다. 천재라고 불렸던 이들이 최고의 성과를 거둘 수 있었던 배경에는 그림을 그리고 연구하는 것이 곧 루틴이었기 때문이다. 어쩌면 그들에게 루틴은 삶 그 자체였다.

이 책의 저자들은 오랫동안 성공한 사람들의 루틴을 연구해왔고, 삶에 직접 적용하고 실천해 남다른 성과를 거두었다. 오래도록 꿈꾸던 분야에서 사업을 시작해 성공을 거두고, 꿈만 꾸던 베스트셀러 작가가 되기도 했으며, 비만에서 탈출해 보디빌딩 대회에서 입상할 만큼 이상적인 몸을 손에 넣기도 했다.

이 책은 이들이 루틴을 통해 성공에 다다른 과정뿐 아니라, 스티브 잡스, 제프 베이조스, 오프라 윈프리, 스즈키 이치로 등 각 분야의 최고라 손꼽히는 유명인들의 루틴을 분석하고 소개하여 독자들이 저마다의 하루에 적용하고 연습할 수 있도록 구성했다.

작가 조지 레너드는 "달인이 되기 위해서는 연습 그 자체를 위해 연습해야 한다"고 말했다. 어떤 일에서든 성공하기 위해서는 수많은 시도와 시간을 묵묵히 쌓아야 비로소 한 단계씩 성장을 이룰 수 있다. 그 쉽지 않은 시간과 고비들을 버티며 나아갈 수 있도록 도와주는 것이 바로 루틴이다.

루틴을 삶으로 들이는 것, 그리고 자신도 모르는 사이 습관을 들여 꾸준히 반복하는 것. 분명 이것은 쉽지 않은 일이다. 그러나 거꾸로 말하면, 그렇기에 가장 경쟁력 있는 방법이다. 그런 의미에서 루틴은 우리의 목표와 꿈을 이뤄주는 마법일지도 모른다.

좋은 습관이 모여 루틴이 된다

루틴과 습관은 어떻게 다를까? 손톱을 물어뜯거나 다리를 떠는 등 사소한 행동을 포함해 무의식적인 습관 한두 가지는 누구나 가지고 있다. 하지만 루틴은 이렇게 단순한 '습관'과는 다르다. 루틴은 스스로 목적을 가지고 자신의 일상 속에 의도적으로 정착시킨 '좋은 습관의 자동화된 행동 세트'다.

예를 들어 운동선수들이 경기장에 들어서기 전, 특정한 스트레칭 동작으로 근육을 풀어준다든가 주변의 소음을 차단하기 위해 헤드셋으로 음악을 듣는다든가 하는 규칙적인 행동이 여기에 해당한다. 몸과 마음을 최고의 상태로 유지하기 위해 의도적으로 구성하여 실행하는 행동이 바로 루틴이다.

일상에서 루틴을 통해 특정 행동의 자동화에 성공하면 이전에는 상상할 수 없었던 일이 벌어진다. 걷는 것조차 싫어했던 사람이 매일 수 킬로미터를 달릴 수 있게 되면서 하루라도 달리지 않으면 오히려 불편한 감정을 느끼게 된다. 1년에 책 한 권 읽지 않던 사람이 하루 한 줄 글쓰기를 시작하여, 결국 직접 쓴 책까지 출간하게 된 경우도 있다.

예전에는 마음의 준비를 단단히 해야 했던 일들이 어느 순간 생각하고 준비하는 과정이 필요 없어진다. 할까 말까 고민하는 시간과 준비하는 과정에 드는 시간과 에너지를 낭비하지 않게 되는 것이다. 그리고 이제 그 에너지와 시간을 온전히 다른 곳에 사용할 수 있게 된다.

이렇게 루틴이 정착되면 일상의 규칙적인 패턴이 삶을 탄탄하고 안정적으로 만든다. 더불어 거의 반자동적으로 최상의 정서적, 신체적 결과물을 만들어낼 수 있는 환경이 만들어진다. 루틴은 스스로 설계한 좋은 환경에 적극적으로 자신을 놓아둠으로써 자신이 원하는 삶을 살아갈 수 있게 해준다. 삶의 주도성을 획득하는 힘이 바로 루틴의 힘이다.

성공한 사람들의 BTS 루틴에 주목하라

세계에서 가장 높은 시가총액을 자랑하는 기업 애플의 창업자 스티브 잡스는 '명상 루틴'을 지녔던 것으로 유명하다. 그는 삶의 질을 높일 수 있는 훌륭한 습관이 바로 명상이라고 강조했다. 영국의 기업가이자 억만장자인 리처드 브랜슨은 운동의 도움으로 건강을 유지할 수 있었고, 운동 루틴을 형성한 후 그 이전보다 하루에 두 배나 많은 것을 달성할 수 있었다고 말했다.

성공한 사람들의 세부 루틴은 비슷하거나 조금씩 다르다. 그러나 그들의 루틴에는 두 가지 공통점이 있다. 모두 '좋은 습관'이라는 것이고 '오랫동안 꾸준히' 행했다는 것이다. 결국 좋은 루틴을 얼마나 오랫동안 지속할 수 있느냐, 이것이 성공의 많은 부분을 좌우한다.

저자들이 연구한 바에 따르면, 성공하는 사람들의 루틴에는 또 한 가지 중요한 특징이 있다. 바로 BTS라는 세 가지 핵심이다. BTS란 전인적 지·덕·체로서의 Body(신체), Talent(역량), Spirit(정신) 루틴을 뜻한다.

몸의 힘을 유지하는 신체 루틴, 재능과 잠재력을 키우는 역량 루틴, 마음의 힘을 지키는 정신 루틴. 이 세 가지 루틴이 성공하는 이들의 하루와 인생 전체를 힘 있게 끌고 나가며, 필요할 때마다 빈틈을 보완하고 수정해나간다.

매일의 일상을 살아가는 현대인들에게는 BTS 루틴 가운데 저마다의 성격과 상황에 걸맞은 루틴을 파악하고 완성해나가는 것이 무엇보다 중요하다. 흔들리지 않게 잘 쌓은 BTS 루틴은 몸과 마음에 굳건한 구조물을 만들기 때문에 외부로부터 오는 웬만한 스트레스에도 잘 버틸 수 있게 해준다.

삶의 주도권을 회복하는 BTS 루틴

이 책은 성공한 사람들의 BTS 루틴을 통해 자신에게 맞는 세 가지 루틴을 탐색하고 발견하여 성공하는 삶을 살아가도록 돕는다. 피곤한 몸을 이끌고 하루하루 쫓기듯 일과를 버텨내는 사람들이 삶의 주도권과 균형감을 회복해서 자신이 원하는 삶에 성큼 다가갈 수 있도록 독려하는 책이기도 하다.

다양한 변화 속에서도 한결같이 행하는 루틴은, 어떤 영역에서든 변화를 가장 빠르게 알아차리고 대응할 수 있도록 우리를 안내한다. 이 책에 등장하는 수많은 성공한 사람들처럼 균형 잡힌 루틴을 생활화할 때, 우리는 건강한 라이프 사이클을 만들고, 자동화된 행동 세트로 목표를 빠르게 달성하며, 꾸준함의 위력을 발휘하여 자신의 꿈을 실현해 나가갈 수 있을 것이다.

이 책을 읽는 모든 독자들이 루틴으로 갖추어진 내·외적 힘으로 세상의 변화와 자극에 덜 휘둘리는 내공을 갖추기를, 나아가 필요한 변화를 스스로 만들어내는 삶을 성취하기를 바란다.

"사람은 루틴을 만들고, 루틴은 사람을 만든다People make routines, and routines make people."

1장. 신체(BODY) 루틴

성공한 사람들이 언제나 최고의 컨디션을 유지하는 법

2장. 역량(TALENT) 루틴

성공한 사람들이 능력을 최고치로 끌어올리는 비결

3장. 정신(SPIRIT) 루틴

마음이 열려야 잠재력도 열린다

1장.
신체(BODY) 루틴

성공한 사람들이 언제나
최고의 컨디션을 유지하는 법

BODY ROUTINE

야구선수 스즈키 이치로의 Ⓑ Ⓣ Ⓢ
꼼꼼한 스트레칭과 근육운동으로
최상의 컨디션을 유지한다

'히트 머신'이라 불린 스즈키 이치로鈴木一朗는 프로 운동선수 중에서 BTS 루틴을 가장 철저히 지킨 인물로 유명하다. 이치로에게서 가장 돋보였던 점은 그의 기초체력과 정신력이다. 그는 2001년 이후 모든 메이저리그 선수 중에서 가장 많은 경기와 타석에 들어선 인물이다.

이치로는 1991년 일본 프로야구 오릭스 블루웨이브에서 프로 선수 생활을 시작해 9시즌 동안 NPB(일본야구기구)를 초토화시켰다. 2001년 미국 메이저리그의 시애틀 매리너스로 이적한 뒤, 한 시즌 최다 안타를 위시한 수많은 대기록을 써내려 갔으며, 메이저리그 역사상 최초로 '3000안타-500도루-골든글러브 10회 수상'을 달성한 역대급 선수이기도 하다.

178Cm, 75Kg의 왜소한 동양인이 엄청난 신체조건을 지닌 서양인 선수들의 체력을 능가하는 경기력을 보여준 것은 어떻게 보면 매우 불가사의한 일이었다. 게다가 그는 메이저리그에서 가장 힘든 원정경기 일정을 소화해야 하는 미 북서부의 시애틀 매리너스 선수였다. 매리너스 소속이었던 한 은퇴 선수는 "매리너스는 원정경기 일정이 너무 힘들어서 선수 중 암페타민(중추신경계를 흥분시키고, 기민성을 증가시키고, 말하는 능력과 육체활동 능력을 증가시키는 약물)을 복용하지 않은 선수는 신앙심이 투철했던 포수 댄 윌슨[Dan Wilson] 한 명 밖에 없었다"고 말할 정도였다.

9년간의 메이저리그 경력 동안 이치로가 2경기 이상 출전하지 못할 때는 출혈성 위궤양에 걸렸을 때뿐이었다. 사실

성공한 사람들의 세 가지 루틴

그때도 그는 경기 출전을 요구했지만 말이다.

그는 메이저리그 전문가들이 공인하는 바, 약물에 오염되지 않은 정직한 선수였다. 그는 스테로이드 시대에 최악의 투수 구장에서 플레이한 선수다. 그의 야구 기록은 약물로 오염된 투수들과 타자들과의 경쟁에서 이룩한 것이기에 더욱더 가치 있다.

시간대별 스케줄을 엄격하게 지키다

이치로가 자신의 몸을 관리하는 주요 루틴은 끊임없는 스트레칭과 웨이트 트레이닝(근력운동)이다. 그는 엄격하게 매일매일 단 한 번도 빠짐없이 훈련을 받았다. 이런 반복되는 신체 루틴이 그가 메이저리거로 성공한 가장 중요한 이유 가운데 하나다.

"저는 덩치가 크지 않습니다. 아이들이 저를 보고 근육질도 아니고 신체적으로도 위엄이 없는 평범한 남자라는 것을 알아차리길 바랍니다. 그래서 만약 보통의 몸을 가진 누군가가 기네스북에 기록될 수 있다면, 아이들이 저를 푯대로 삼았으면 합니다. 그러면 저도 행복할 것 같아요."

"저는 운동선수로서 어떻게 42세가 되었는지에 따라 큰 차이가 생긴다고 믿습니다. 저는 제 몸에 대해 연구해왔습니다. 42세가 될 때까지 재능만 가지고 선수 생활을 하지는 않있습니다."

"제가 단 하루라도 소파에서 지낸다면, 그것은 나가서 몸을 단련하는 것보다 더 피곤한 일입니다. 물론 저 또한 정신적으로는 때때로 휴식이 필요하다고 생각합니다. 하지만 제 몸은 운동을 하지 않으면 몸에서 더 많은 스트레스를 받고 몸이 더 피곤해지는 구조입니다. 어차피 은퇴하면 죽는 날까지 쉬어야 합니다."

45세로 은퇴할 때까지 이치로는 어떻게 그렇게 좋은 몸 상태를 유지했을까? 그의 아내가 한 인터뷰에 힌트가 있다. "자려고 누우면 그는 때때로 몸을 뒤집어서 방향을 바꿔요. 계속해서 같은 행동을 반복하곤 하죠. '왜 그래요?'라고 물었더니 '늘 같은 쪽으로 몸무게를 두고 자면 손목과 어깨의 균형이 깨지니까 잘 때도 조심하는 거야'라고 말하더군요."

이치로는 가장 느긋하고 무의식적인 상태인 잠잘 때조차 몸의 균형을 맞추는 습관을 지니고 있었던 것이다.

프로야구 선수들은 대체로 오후 3시에 출근해서 저녁 11시에 퇴근하는데, 이치로는 그 시간을 맞추기 위해 새벽 3시에 잠자리에 들고 오전 11시에 일어나는 장기 루틴을 유지했다. 항상 같은 패턴의 루틴을 유지함으로써 언제나 최상의 에너지 상태를 만들어놓은 것이다.

훈련 일정도 언제나 정기적으로 유지되었다.

오전 11시: 기상. 일본 월드 윙 엔터프라이즈가 맞춤형으로 제작해준 전용 장비를 이용해 집에서 직접 훈련한다.

오후 12시: 점심 식사. 언제나 집에서 아내가 만든 일본식 녹색 카레를 먹는다. 점심 식사 후, 훈련을 계속한다.

2시 30분~: 세이프코 필드를 향해 집을 떠난다.

3시: 세이프코 필드에 도착한다. 운동복으로 갈아입은 후 스트레칭을 한다. 배치된 전용 훈련 장비를 사용해 배팅 케이지에 들어가 연습한다. 그다음 코트에서 다시 타격 연습을 한다.

6시 15분: 팀 연습이 끝나면 스트라이크 케이지로 돌아와 연습을 계속한 후 전용 훈련 장비를 사용해 운동한다.

7시 10분: 경기가 시작된다.

경기 후: 팀 연습이 끝난 뒤 라운지로 돌아오자마자 아내가 만들어준 주먹밥 두 개를 먹어 체력을 보충한다.

귀가 후: 집에 가서 저녁을 먹고, 상황에 따라 적당한 야

간 훈련을 한다. 이때도 개인 맞춤형 전용 훈련 장비를 사용하고, 마사지로 하루를 마무리한다.

새벽 3시: 취침.

이치로는 트레이닝 룸에서 스트레칭을 하거나 때로는 클럽하우스(야구팀의 숙소 및 훈련장)의 중간쯤에서 스트레칭을 했다. 그는 대부분 바닥에서 스트레칭을 하며, 한번 하기 시작하면 정말 오랫동안 했다. 왜 그랬을까? 스트레칭은 그가 훈련을 하고 경기를 할 때 부상당하지 않게 해주기 때문이다. 실제로 그는 부상 때문에 경기에 결장한 적이 한 번도 없었다. 또한 그는 스트레칭을 충분히 하지 않으면 몸이 더욱 빨리 피로를 느끼고 굳어져서 민첩한 동작을 하기 어렵기 때문이라고 밝히기도 했다.

이치로의 웨이트 리프팅 기구는 전직 올림픽 출전 선수가 만든 월드 윙 머신World Wing Machine이라고 부르는 일본산 기구였다. 매년 새로운 모델이 출시되고 있지만 이치로는 1990년대에 만들어진 모델을 고집했다. 이치로의 웨이트 리프팅 기구는 세이프코 필드에 하나가 있고, 그의 집과 애리조나에도 하나씩 있었다. 왜 똑같은 기계를 세 군데에나

전직 올림픽 출전 선수가 만든 월드 윙 머신으로 웨이트 리프팅을 하고 있는 스즈키 이치로 출처: stack.com

두었을까? 언제 어디를 가서도 자신이 평소에 하던 방식대로 몸을 단련시키기 위해서다.

　이치로가 웨이트 리프팅을 한 이유는 근육을 벌크업하기 위해서가 아니었다. 체력과 유연성, 그리고 동작의 범위를 키우기 위해서였다. 보통의 운동 기계는 인간의 몸이 어떻게 자연스럽게 움직이는지까지는 고려하지 않는다. 하지만 월드 윙 머신의 발명자는 2004년《와세다 위클리》와의 인터뷰에서 이렇게 설명했다. "인간의 몸은 항상 중력, 하중,

왜곡 등에 의해 긴장된다. 따라서 움직임의 균형을 고려하지 않은 어떤 운동도 근육에 손상을 줄 뿐, 내부 장기에 대한 부담을 증가시켜 결국 신체 부상에 이르게 된다. 이 기계는 운동선수가 근육을 사용하는 동안 근육을 늘리거나 느슨하게 하도록 특별히 고안되었다."

이치로는 자신의 몸뿐만 아니라 야구 장비도 아주 조심스럽게 다루기로 유명하다. 방망이에 습기가 차는 것을 막기 위해 두랄루민으로 만든 자신만의 방망이를 사용했는데, 이 방망이에도 자신만의 독특한 루틴이 있었다. 한 매체에 따르면 이치로는 "매 경기 전엔 벤치 꼭대기에 자신의 메인 배트를 살며시 세팅해둔다. 그는 다른 팀 동료들처럼 배트랙에 방망이를 올려놓지 않았다. 자신의 배트를 다른 사람들이 절대 만지지 못하게 했다"고 한다. 이치로는 "장비는 마음, 사람의 마음 안에 있다"고 말했다.

꾸준한 체력 관리만큼이나 중요한 건 식습관이다. 이치로는 음식을 먹을 때도 간단한 식사 루틴을 지켰다. 그는 항상 집에서 쌀로 만든 동그란 볼(주먹밥 스타일)을 먹었다. '이치 윙스'라고 부르는 이 요리에는 멕시칸 향신료가 포함된 데리야키 소스가 들어간다. 이치로는 매리너스에 합류한

2001년 이후부터 경기 전에 반드시 간단한 식사를 했다. 그는 매일 밤 홈 경기 전과 배팅 연습을 하고 난 뒤에 항상 같은 장소에서, 같은 의자에 앉아, 같은 테이블 위에 정확히 7개의 이치 윙스를 올려놓고 먹었다.

메이저리거는 1년의 반은 홈 경기를, 나머지 반은 원정 경기를 치른다. 원정경기를 할 때는 미국 전역을 다닌다. 이치로는 원정경기를 갈 때조차 지역마다 같은 식당에서 같은 시간에 같은 메뉴를 먹었다.

그는 왜 이렇게 모든 행동에 루틴을 두었을까? 답은 자명하다. 최고의 몸, 최고의 정신을 갖춘 베스트 컨디션으로 경기에 임하기 위해서다. 메이저리그는 세계 최고 수준의 선수들이 모여 있는 곳이므로 최고의 컨디션으로 임해도 안타 하나를 치기가 어려운 곳이다. 그런 치열한 경쟁 상황에서 낯선 곳에서 낯선 식사로 속이 불편해진다거나 너무 많이 먹어서 몸이 무거워진 채로 경기를 뛴다면 최상의 경기력을 끌어낼 수 없다. 너무 가볍게 먹어서 경기 도중 허기에 시달리는 불상사가 생기는 것도 마찬가지다. 경기에 방해가 되는 어떠한 상황도 만들지 않기 위해 이치로는 철저하게 신체 루틴을 세웠고, 엄격하게 지켰다.

무언가를 얻고 싶다면 끝없이 반복하라

"당신의 꿈과 목표를 달성하는 방법은 오직 하나입니다. 바로 사소한 것들을 축적하는 것이죠."

이치로가 언론 인터뷰에서 한 말이다. 이치로는 초등학생 때 항상 방망이와 야구공을 가지고 다니며 놀았다. 그는 초등학교 3학년 때부터 중학교 3학년 때까지 7년 내내 매일 나고야 공항 근처에 있는 배팅센터에 다녔던 것으로 유명하다. 1년 363일을 다녔는데, 결석한 이틀은 배팅센터가 문을 닫는 1월 1일과 2일 신정 연휴 때뿐이었다.

어린 아들을 매일 배팅센터에 보냈던 아버지의 적극적인 지원도 이치로가 성장하는 데 큰 역할을 했다. 이치로의 아버지는 이치로가 초등학교 3~4학년일 때는 공의 속도를 시속 100km, 5학년일 때는 110km, 6학년일 때는 120km로 조정했다. 배팅센터 최대 시속이 120km라 배팅센터 책임

자에게 특별히 주문한 스프링을 추가해 130km까지 나오도록 연습시켰다. 나중엔 이 속도로도 만족하지 못하게 되자, 타석보다 2~3미터 앞으로 나와 볼을 치도록 했다. 그 결과 중고생 시절에 벌써 체감 시속 150km 공도 칠 수 있는 타격감을 익히게 되었다.

이치로가 고등학교 야구팀에 입단했을 때 그의 아버지는 코치에게 말했다. "이치로가 아무리 잘하더라도 절대 칭찬하지 마세요. 우리는 그를 정신적으로 강하게 키워야 합니다."

아버지의 강한 훈육과 훈련 루틴 엄수 덕분에 그는 어린 나이에 발군의 경지에 오른다. 실력에 대한 자신감에서 나온 말일까? 그는 이런 말을 하기도 했다.

"나는 사람이 던지는 공이라면 제아무리 빠른 공이라 해도, 어떤 투구라 해도 칠 자신이 있습니다."

그의 스윙은 테니스공을 치는 것처럼 정확했다. 내야수의 머리 위로 공을 날려 수비 틈새를 마음대로 헤쳐나갈 수도 있었다. 전 시애틀 매리너스의 스타 2루수 브렛 분Bret Boone은 다음과 같이 말했다. "이치로는 안타를 예술로 만들었어요. 나는 그가 5타수 4안타를 치는 것을 보았고, 그는 모든 종류의 기술을 가지고 있었습니다. 그는 상대 투수가 하는 모든 투구에 맞추어 자신의 동작을 대비하는 데 능합니다."

모든 공을 힘껏 휘둘러야 한다고 알고 있는 일반 타자들과 달리 이치로의 스윙은 '바꿀 수 있다'는 식이었다. 그의 전 타격 코치는 이렇게 칭찬하기도 했다. "나는 그처럼 방망이를 다루는 사람을 본 적이 없어요! 그는 수비수 사이의 틈을 보고 나서 자신이 보내고 싶은 곳으로 공을 칠 수 있습니다."

배트 핸들링 측면에서 그는 대단한 경지에 올랐다. 2001년에는 중견수 자리 6인치 앞에 착지하는 공을 쳤다. 당시 매리너스의 단장 팻 길릭Pat Gillick은 인터뷰에서 이렇게 말했다. "오! 나는 이것을 전에도 본 적이 있어요. 이치로는 방망이를 손에 든 마술사입니다!"

이치로는 이 세상의 어떤 야구선수보다 더 많은 노력을 기울인 선수라고 할 수 있다. 그의 공식 통역자이자 타격 투수인 앨런 터너Allen Turner는 "세상에 이치로보다 더 많은 스윙을 하는 사람은 없습니다. 시즌이 끝날 때까지 그는 결코 쉬지 않아요. 쉬는 날에도 야구장에 와서 던지고 치고 뜁니다. 스프링캠프 이후에도 경기장에 오는 것이 그의 하루 일과입니다."

이치로는 타고난 재능 못지않게 대단한 노력가이자, 일정한 루틴 안에서 자신을 끝없이 단련시킨 사람이다. 이치로 또한 자신에 대해 이렇게 말했다.

"노력하지 않고 무언가를 잘 해낼 수 있는 사람이 천재라면, 저는 절대 천재가 아닙니다. 하지만 피나는 노력 끝에 뭔가를 이루는 사람을 천재라고 한다면, 저는 천재가 맞습니다. 천재의 손끝에는 노력이라는 핏방울이 묻어 있기 마련입니다. 제가 일본 최고의 선수가 될 수 있었던 이유는, 일본에서 저보다 많이 연습한 선수는 한 명도 없었기 때문입니다. 저는 단 한 번도 저 자신과 맺은 약속을 어긴 적이 없습니다."

긍정적인 생각을 위한 자기최면 걸기

'인내와 조화'는 이치로의 아버지가 조부모로부터 배운 인생 철학이다. 일본 무사도에는 "문무文武는 자동차의 두 바퀴와 같다"는 속담이 있다. "정신은 종교(불교)를 바탕으로 하고, 몸은 무술을 써서 단련한다"는 것이다. 그는 '영성(정신)'을 '기술(테크닉)'보다 높이 친다.

그래서였을까? 이치로는 타석에 들어서기 전 항상 자기 최면을 거는 것으로 유명했다. 고교 시절 야구부 감독에게 소위 말하는 '플러스 사고'라는 것을 배웠는데, '플러스 사고' 란 "안 될지도 모른다고 마음이 약해지면 결국엔 그렇게 끌려간다. '반드시 잘 할 수 있는 게 당연해'라고 생각해야 한다!"는 사고방식이다.

이치로는 감독의 가르침대로 타석에 서기 전 항상 "나는 당연히 칠 수 있어"라고 자기 최면을 걸었다. 심리학에서는 이것을 피그말리온 효과Pygmalion effect라고 부르는데, '긍정적인 기대나 관심이 사람에게 좋은 영향을 미치는 효과'를 말한다. 즉 일이 잘 풀린다고 기대하면 잘 풀리고, 안 풀린다고 생각하면 안 풀리는 경우를 가리킨다.

이치로의 두 번째 자기최면은 "어떤 상황에서든 투 스트라이크에 몰린 상태라고 설정하고 타자석에 들어간다!"였다. '반드시 쳐내야만 한다. 칠 수 있다'고 생각하며 투수를 노려볼 수 있는 극박한 상황 속으로 자기를 몰아넣어 배수의 진을 치는 것이다.

이치로의 세 번째 자기최면은 '집중'이다. 도요야마의 리틀리거 시절부터 이치로는 자신의 장갑에 집중集中이라는 단어를 써두곤 했다. '집중'의 표현 방식이 그의 타법이다. 타석에 들어섰을 때 이치로는 상대 투수에게 온전히 정신을 집중한다. 마치 천천히 검을 들어 상대를 향해 겨누듯이 투수를 향해 "좋아, 한판 붙어보자"라고 싸움을 거는 포즈를 취한다. 팬들 중에는 "저는 그가 검으로 모기도 쪼갤 수 있다고 장담합니다"라고 확언하는 사람이 있을 정도였다.

스포츠 분야에서 혁신과 독특함을 갖기는 쉽지 않다. 누군가가 원하는 훈련 방법은 이미 다른 사람들도 알고 있는 방식일 가능성이 크다. 심지어 누군가의 새로운 아이디어나

발견도 곧 동료들이나 경쟁자에 의해 쉽게 모방될 수 있다. 하지만 다른 사람들이 절대 모방할 수 없는 것이 있다. 그것은 바로 이치로만의 독특한 루틴의 축적량이다. 골프 스윙에서 탈바꿈한 '진자놀이'든, 초 단위로 계산한 정확한 생활 일정이든, 타의 추종을 불허하는 타격 솜씨든 이치로의 여러 가지 면모는 그가 야구 역사상 '독보적인' 루틴을 축적한 덕분에 가능했다.

이치로는 엄격한 시간 관리, 꾸준하고 규칙적인 자기관리로 전설적인 위치에 올랐다.
출처: The Pecan Park Eagle

엄격한 시간 관리, 꾸준하고 규칙적인 생활, 평범해 보이지만 남다른 좋은 습관들이 이치로의 성공 이유 중 하나다. 이치로는 일과 휴식 시간조차 초 단위로 관리했다. 아내 유미코는 말했다.

"훈련이든 마사지든 목욕이든 식사든 남편 일정의 절반 이상은 제가 정확히 계산합니다. 예를 들어, 그가 오후 2시 25분에 경기장에 도착하고 싶어 한다면, 저는 식사 시간을 30분 전인 1시 55분으로 정합니다. 남편은 출발 전에 항상 이치 윙스 두 조각을 먹습니다. 첫 번째 슬라이스한 빵은 2분 30초, 두 번째 슬라이스한 빵은 1분 30초로 구워달라고 부탁하죠. 토스트의 열과 잔열을 계산할 뿐만 아니라 크림까지 전자레인지에 정확히 8초간 데워서 줘야 합니다."

전 마이애미 말린스의 투수 댄 스트레일리Dan Straily는 이치로가 자신을 저녁 식사에 초대하면서 7시 19분에 호텔 로비에서 만나자고 했을 때, 조금 의아했다. 10분도 아니고 20분도 아니고 19분? 하지만 놀랍게도 이치로는 1초도 늦지 않고 정확한 시간에 호텔에 도착했다. 호텔에서 식당까지 11분이 걸릴 것이라는 자신의 예측을 그대로 실행한 것이다.

치열한 프로의 세계에서 실력은 종이 한 장 차이다. 그

종이 한 장의 차이를 만드는 것은 자신을 얼마만큼 엄격하게 관리하느냐에 달려 있다. 신체든 정신이든 마찬가지다. 이치로가 야구 역사에 이름을 남길 수 있었던 것은 바로 이런 종이 한 장의 차이 때문이다.

◈ 운동 초보자에게 적합한 하루 운동 루틴 ◈

스즈키 이치로뿐만 아니라 운동선수들은 대부분 자신만의 운동 루틴을 가지고 있다. 특히 경기가 있는 날이면 1분 1초도 어긋남이 없이 루틴을 지킨다. 그래야 가장 좋은 컨디션으로 최고의 경기력을 뽑아낼 수 있기 때문이다.

물론 일반인들은 그 정도로 신체를 관리할 수 없고, 그럴 필요도 없지만, 적절한 운동 루틴을 가지고 실행하는 것은 신체건강에도, 정신건강에도 큰 도움이 된다. 더구나 운동을 난생 처음 해보는, 이제 막 운동을 시작한 초보자들에게는 그들에게 어울리는 루틴이 따로 있다. 기구보다는 맨몸운동이 좋고, 운동량보다는 지속성에 초점을 맞추어 점차적으로 강도를 높여가야 한다.

자, 그럼 초보자용 하루 운동 루틴을 추천한다.

1. 스쿼트 20개 3세트
2. 푸시업 10개 3세트
3. 워킹런지 20개 3세트
4. 플랭크 15초 3세트
5. 발 벌려 뛰기 30회 3세트

한 번에 이 다섯 개 동작을 다 하겠다고 생각하지 말고, 시간대별로 나누어서 실행하는 것이 덜 부담스럽다. 한 달 완수 후 자신에게 보상을 주는 방식으로 성취감을 느끼며 운동을 시작해보자.

만화가 스콧 애덤스의 **B T S**
식단과 운동과 수면으로
신체 에너지를 관리하다

만화 작가 스콧 애덤스^{Scott Adams}는 65개국 2,000여 개 신문
사에 실린 연재만화 〈딜버트^{Dilbert}〉의 저자이며, 기업 경영과
사회 풍자에 관한 책을 쓰는 저술가이기도 하다. 특히 지난
미국 대선에서 트럼프의 승리전략을 분석한 책《승리의 기술
Win Bigly》로 세계적인 베스트셀러의 주인공이 되었다.

먹고 운동하고 수면하라

스콧 애덤스가 말하는 '성공의 모델'은 생각보다 단순한 것에서부터 시작한다. '올바른 식습관을 가져라.' 물론 이것이 전부는 아니다. 건강한 식사로 몸의 에너지를 바로 세운 다음에는 운동을 통해 더 많은 에너지를 얻으라고 조언한다. 수면에 대한 중요성도 강조한다. 건강한 식사와 꾸준한 운동, 그리고 충분한 수면이 스콧 애덤스의 신체 루틴이다. 너무 뻔하고 당연한 얘기지만, 그는 이 루틴을 통해 더욱 생산적이고 창의적인 하루를 보낼 수 있다고 말한다.

그렇다면 그가 말하는 '올바른 식습관'은 무엇일까? 이것은 그저 단순한 다이어트를 가리키는 것이 아니다. 그에게 식사는 자신의 에너지 관리를 위한 첫 단추다. 스콧 애덤스는 '음식이란 기분'이라고 말한다. 음식에 따라서 그날의 컨디션과 감정이 결정된다는 뜻이다. 그러나 어떤 음식을 먹으라고 이야기하지는 않는다. 흰 쌀밥처럼 단순 탄수화물을 섭취했

더니 졸음이 왔다, 혹은 커피를 마시면 생산성이 높아진다 등 자신에게 맞는, 또는 맞지 않는 음식에 대해 이야기할 뿐이다.

그는 각자가 식단 실험을 통해 자신만의 패턴을 찾아야 한다고 강조한다. 누구한테는 좋은 음식이 다른 누구에게는 오히려 해가 되거나 백해무익한 음식이 될 수 있으니 말이다. 스콧 애덤스는 무엇을 얼마나 먹어야 하는지에 대한 자신만의 해답을 찾고, 에너지 관리가 잘 되는 방향으로 자신만의 식단을 설계하라고 말한다. 특정 음식을 먹고 나서 자신의 에너지 변화를 관찰한 뒤, 자신에게 맞는 음식은 적극적으로 먹고, 에너지를 고갈시키는 음식은 줄이는 방식이다. 이를 통해 몸의 에너지를 바로 세우는 것이다. 그는 성공과 식습관이 밀접한 상관관계를 갖고 있다고 믿는다.

에너지 관리를 위한 다음 단계는 '운동'이다. 스콧 애덤스가 말하는 운동은 '의지력을 소모하지 않는' 운동이다. 의지력이 필요한 운동은 지속하기 어렵다. 따라서 '꾸준한 시스템을 유지하는 것'이 운동의 핵심이다. 꾸준히 하는 운동의 목표 중 하나는 신체 에너지를 향상시키는 것이다. 체력이 좋아진다고 표현할 수도 있다. 이런 신체 상태는 깨어 있는 동안 우리가 더 맑은 정신을 유지할 수 있게 돕는다.

무리하지 않는 것도 스콧 애덤스가 말하는 운동의 핵심인데, 에너지 관리 측면에서 단기적으로, 또는 지나치게 집중된 영역에만 에너지를 쏟는 것은 옳지 않다는 것이 그의 지론이다. 장기적인 관점으로 에너지를 관리하는 것이 중요하다고 말하는 스콧 애덤스는, 만일 오늘 무리해서 운동을 한다면 내일 운동을 쉬게 될 확률이 높아지고, 그러면 결과적으로 운동 리듬이 깨지기 때문에 신체 에너지 관리 측면에서는 좋은 운동 습관이 아니라고 강조한다.

　　먹고 운동했다면 그다음은 수면이다. 충분한 수면, 질 높은 수면이 인간의 신체와 정신건강에 얼마나 큰 영향을 미치는지는 이미 잘 알려져 있다. 스콧 애덤스는 몇 시간 이상 자라고 구체적인 수치를 들지는 않지만, 충분히 수면하라고 강조하면서, 특히 낮잠의 필요성과 중요성에 대해 이야기한다.

　　스콧 애덤스가 집필 활동과 창작 활동을 지속할 수 있는 배경에는 먹고, 운동하고, 수면하는 에너지 관리 루틴이 있다. 어떻게 보면 지극히 본능적이고 단순한 루틴 같지만, 인간은 본능이 충족될 때 가장 행복하고 편안한 상태가 된다는 것을 떠올리면, 왜 스콧 애덤스가 이런 루틴을 고수하는지 답이 될 것이다.

유용한 기술을 습득하라

스콧 애덤스는 만화가로 잘 알려져 있다. 그러나 그 외에도 수많은 이력과 경력을 가진 다재다능한 인물이다. 그는 금융권이나 통신사 등 여러 직종에서 다양한 업무를 경험했으며, 유망 기업에 투자한 벤처투자자이기도 하다. 레스토랑 사업을 하기도 했으며, 게임 개발과 특허 출원 등에도 도전했다.

그래서일까? 그는 한 가지 일에 집중하라거나 하나의 루틴을 가지라고 조언하지 않는다. 오히려 다양한 경험으로 자신만의 성공 공식을 만들라고 말한다. 새로운 기술을 익힐 때마다 성공 확률이 두 배 높아진다는 다소 과장된 표현을 하기도 한다. 적당히 잘하는 것들을 조합하면 월등히 잘하는 것이 만들어진다며, 〈딜버트〉의 성공도 여기에서 기인한다고 말한다. 스콧 애덤스는 월등히 만화를 잘 그리는 사람도, 뛰어난 유머 감각을 지닌 사람도 아니었다. 하지만 적당한 작화 실력, 평균 이상의 유머 감각이 있었고, 거기에 자신의 직장 생활 경험을 살려 〈딜버트〉를 연재했고, 큰 인기를 얻을 수 있었다고 한다.

즉 성공 가능성을 높이려면 '유용한 기술을 많이 습득하라'는 것이다. 특히 글쓰기, 심리학, 디자인, 회계, 화술이 성공에 유용한 기술이라고 강조한다. 그러나 앞서 식단을 얘기할 때와 같이 정답을 제시하기보다는 자신만의 시스템을 찾으라고 말한다. 여기서 시스템이란 '더 나은 인생을 위해 매일 반복하는 무엇'을 뜻한다. 매일 의미 있게 반복하는, 삶을 더 풍요롭고 건강하게 만들어주는, 완전히 삶에 정착된 루틴을 가리키는 것이다.

스콧 애덤스는 바로 이 시스템을 통해 성장하고 성공에 이를 수 있다고 말한다. '단 하나의 루틴'에 집착하지 않으며, 필요하다면 새로운 기술을 익혀 경쟁력을 얻는 일상이 스콧 애덤스의 성공 루틴이다.

그렇다고 거창하고 특별한 기술을 익히라는 말은 아니다. 자신이 좋아하는 분야부터 시작하면 된다. 얕고 편안하게 도전하는 것이 스콧 애덤스의 철학이 담긴 재능 루틴이다. 그는 '열정은 쓰레기'라고 말한다. 무슨 일이든 열정을 쏟다 보면 성과가 생긴다고 믿기보다는 성과가 있는 일에 도전해야 열정을 갖기 쉽다는 것이다. 다양한 기술을 습득해 성공 가능성을 높이는 그의 루틴은 그의 성공 철학을 가장 잘 보여준다.

넷스케이프Netscape의 창업자 마크 앤드리슨Marc Lowell Andreessen은 "성공한 CEO의 거의 대부분은 상위 25퍼센트에 속하는 기술을 3가지 이상 갖추고 있다"고 말했다. 여러 가지 지식과 기술을 익혀 자신만의 성공을 만들어나가는 것은 평범한 우리들이 지향해야 할 성공 루틴일지 모른다.

스콧 애덤스의 **SPIRIT :**

자신의 성공을 끝없이 확신하라

'긍정 선언'에 대해 들어본 적이 있는가? 긍정 선언은 자신이 이루고 싶은 꿈을 긍정적으로 말하고 적어보는 것을 말한다. 가령 "나는 패션디자이너가 되어 내 이름을 건 브랜드를 성공적으로 론칭한다.""나는 미슐랭 쓰리스타 셰프가 된다"는 식의 자기 암시이자 확신이 긍정 선언이다. 중요한 것은 이런 긍정선언이나 확언을 마음속으로만 생각하는 것이 아니라, 거울을 보면서 입 밖으로 크게 말하고, 노트에 직접 적어야 한다는 점이다. 그래야만 실행해야 한다는 심리적 동인이 형성된다. 즉 말과 글을 통해 행동을 유인하는 것이다.

스콧 애덤스는 긍정 선언에 대해 이렇게 이야기한다.

"긍정 선언은 긍정적 사고방식, 기도, 시각화와 크게 다르지 않다."

즉 자신이 원하는 것을 얻기 위해 긍정적으로 생각하고, 간절히 기도하고, 그것을 구체적으로 그려보는 것이 긍정 선언이라는 것이다.

스콧 애덤스는 긍정 선언의 강력한 힘을 믿는다. 자신 또한 반복적으로 긍정 선언을 함으로써 지금의 위치에 이를 수 있었다는 것이다. 물론 긍정 선언이 정확한 어떤 프로세스를 통해 효과를 내는지, 또는 어떤 과학적 근거가 있는지는 스콧 애덤스도 정확하게 설명하지 못한다. 다만 긍정 선언이 집중력을 높이고, 에너지를 북돋우며, 무의식적 재능을 꽃피우는 시스템이라고 주장한다. 그는 "나는 유명한 만화가가 될 거야." "나는 부자가 될 거야." "나는 최고의 베스트셀러 작가가 될 거야." 등의 긍정 선언을 되뇌였고, 결국 모두 현실이 됐다고 강조한다. 원하던 유명한 작가가 되었고, 많은 돈을 벌었으며, 수많은 사업에 실패했지만 결국 큰 성공을 거두었다.

스콧 애덤스의 긍정 선언은 진지하고 일관된 마음으로 자신이 원하는 것에 집중하는 자세다. 그는 이것이 자신에게는 효과가 좋았지만 모두에게 통할 것이라는 객관적인 정보는 없다면서도 일단 긍정 선언의 효과를 믿어보라고 권한다. 물론 여전히 긍정 선언의 효과에 대한 과학적 근거는 부족하다. 하지만 수많은 사람이 긍정 선언을 통해 인생의 변화를 경험했고, 결과적으로 성공을 이뤄냈다면, 그 경험담을 믿고 시도해볼 만하지 않을까?

자신의 정신을 끝없이 긍정적으로 무장하는 것, 그리고 이 긍정적 사고로 자신의 미래를 원하는 대로 그려보고, 자신을 믿고 그대로 행동에 옮기는 것. 이 손쉬운 루틴으로 성공이 보장된다면 한 번쯤은 도전해볼 만하지 않은가? 손해볼 것도 없고, 게다가 공짜니까 말이다.

◈ 제대로 먹는 게 보약이다 ◈

바쁜 현대인들은 끼니를 대충 때우는 게 일반적이다. 빨리 먹을 수 있는 인스턴트 음식을 선호하거나 커피나 우유, 초콜릿만으로 허기를 달래기도 한다. 하지만 스콧 애덤스가 강조하는 것처럼 '음식은 삶의 문제'이며 '우리의 생각과 몸과 마음의 근본'이다. '무엇을 먹느냐'는 곧 '어떻게 살고 있는가'의 문제이기도 한 것이다. 음식은 내 몸을 살리기도 하고, 죽이기도 한다. 따라서 건강한 식습관 루틴을 갖는 것은 내 삶을 건강하고 풍요롭게 채우는 일이다. 스콧 애덤스는 자신에게 맞는 식습관 루틴을 찾으라고 말하는데, 기본적으로 누구에게나 좋은 루틴도 있다.

1. 일정한 시간에 하루 세 끼를 20분 이상 천천히 먹는다.
2. 배가 부르다는 느낌이 들기 전까지만 먹는다.
3. 찌거나 삶는 조리법으로 밥상을 채운다.
4. 되도록 야식은 피하고 식사 후 바로 눕지 않는다.
5. 물은 목이 마르기 전에 충분히 마신다.

물론 현대인들에게는 지키기 어려운 루틴이다. 일을 하다 보면 삼시 세끼 매번 같은 시간에 끼니를 챙기기란 쉬운 일이 아니니까 말이다. 하지만 몸을 살리는 루틴을 알고 있다는 것 자체가 변화의 여지를 갖고 있는 것이다. 매번 이 루틴을 지킬 수는 없어도 최대한 지키려고 노력하는 것이 걱정 없이 일하고 건강하게 사는 비결이다.

종합격투기 선수 정찬성의 ⒷⓉⓈ

가장 단순한 루틴으로
최적의 컨디션을 만들다

요즘에는 이종격투기라고 표현하기보다는 종합격투기라고
표현한다. '이종異種'의 '異'는 '다를 이'로 2000년대 초반, 레
슬링, 복싱, 태권도, 합기도, 킥복싱, 유도, 주짓수, 가라테, 쿵
푸 등 서로 다른 무술을 하는 이들이 모여 자신들의 종목이
얼마나 강한지 서로 겨루는 데서 시작되었다. 이것이 시간이

지나면서 지금의 UFC^{Ultimate Fighting Championship} 같은 경기로
변모한 것이다. 지금의 종합격투기는 각 무술의 강함을 가리
기보다는 선수 개개인의 강함을 겨루는 시합으로, 대부분의
선수가 복싱, 킥복싱 같은 타격과 주짓수, 레슬링 같은 그래
플링^{Grappling}('얽혀서 싸운다'라는 뜻의 영단어로, 메치기와 서브
미션을 이용해 상대를 제압하는 격투기나 무술을 가리킨다)을 종
합적으로 트레이닝하여 시합에 출전한다.

　UFC는 전 세계 모든 종합격투기 선수들이 오르고 싶어
하는 세계 최대 종합격투기 무대다. 실력만 있다면 부와 명
예를 동시에 얻을 수 있는 곳이기도 하다. 이런 세계무대에
서 한국인 처음으로 챔피언에 도전한 선수가 바로 '코리안
좀비'라 불리는 정찬성 선수다. 압도적으로 뛰어난 서양인들
의 체구와 체력 때문에 항상 조연이라고 평가받는 아시아인
도 주인공이 될 수 있다는 것을 보여준 선수이자, 한국인 최
초로 챔피언 타이틀전에 두 번이나 도전, UFC 페더급 랭킹
3위까지 오르며 한국인의 강함을 증명한 스포츠인이다.

정찬성의 B BODY :
하루를 삼시 세끼와 운동으로만 채우다

몸은 그 어떤 것보다 정직하다. 특히 운동선수에게 그렇다. 얼마나 많은 땀을 흘리고 얼마나 노력했느냐에 따라 실력은 늘게 마련이다. 다른 이보다 더 많이 연습하고 노력한다면 월드 클래스 레벨의 선수로 다가가는 길은 더 가까워진다. 스포츠 세계에서는 요행이 통하지 않고 지름길이 없다. 어떤 종목이든 관계없이 모든 프로 운동선수들은 이 사실을 누구보다도 잘 알고 있다.

월드 클래스 레벨의 선수라면, 특히 몸이 자산인 프로 운동선수라면 신체 루틴에 뭔가 특별한 비법이 숨어 있을 것 같지만, 정찬성은 의외로 굉장히 단순하고 반복된 하루 일과 루틴을 가지고 있다.

오전: 기상해서 식사 후 오전 운동.
오후: 점심 먹고 잠시 휴식 후에 오후 운동.

저녁 먹고 저녁 운동.

밤: 취침.

　시간을 분 단위, 시 단위로 나누어서 빼곡하게 루틴을 정한 것도 아니고, 구체적인 루틴이 있는 것도 아니다. 한마디로 정리하면, 식사와 운동과 잠이 전부다. 이렇게 단순하게 살 수 있을까 놀라울 정도다. 하지만 이렇게 단순하고 별것 없는 루틴이 그의 성공 비결이다.

　정찬성은 술도 담배도 친구들과의 모임도 자제한다. 일주일에 한 번 그동안의 수고를 보상받기 위해 치팅데이를 갖는다거나 친구 모임에 나가 스트레스를 푼다는 식의 여유 시간도 없다. 그저 본인의 꿈을 위해 앞만 보고 달릴 뿐이다. 그 흔들리지 않는 묵묵함과 하루에도 몇 리터씩 쏟아내는 땀방울이 지금의 정찬성을 만들어낸 비결이다.

　"Basic is the Best"라는 말이 있다. 요행 없이 기본에 충실할 때 최고가 된다는 뜻이다. 정찬성의 하루 루틴이 이 격언의 실사판이라고 할 수 있다.

정찬성의 TALENT :
재능은 없다, 노력이 있을 뿐

천재는 타고난다고 말하는 이들이 많지만, 정찬성만큼은 그렇지 않아 보인다. 학창 시절에 정찬성은 키가 큰 것도 아니고 힘이 센 것도 아닌, 평범한 체격의 매우 내성적인 아이였다. 어디에 가서 말도 잘 못하고 눈을 마주치지 못하는 성격이었다. 심지어는 중국집에 주문 전화를 못할 정도라서, 그모습을 본 이모가 너무 답답해 동네 체육관에 가서 운동이라도 해보라고 권유했다고 한다. 그래서 시작한 첫 운동이 합기도였다.

합기도는 복싱, 발차기, 유도, 호신술, 무기술 등 다양한 종합 무술을 배워서 본인의 몸을 호신하는 목적의 운동인데, 정찬성은 합기도를 하는 동안 타고났다는 소리는커녕, 운동에 소질이 있다는 소리조차 전혀 들어보지 못했다고 한다.

2002년, 중학교 2학년 때 합기도로 격투기에 입문한 그는 처음에는 내성적인 성격 때문에 두각을 나타내지 못했다.

하지만 격투기 선수가 되겠다고 결심한 뒤부터는 모두가 혀를 내두를 만큼 엄청난 노력을 했다.

"노력도 재능 중에 하나라고 생각합니다. 나는 키도 크지 않은 편이고 신체적으로도 타고나지 않았지만, 남들보다 무조건 더 한다는 단순하지만 확실한 방법을 선택해서 노력했습니다."

정찬성은 매일 밤 12시까지 체육관에서 남아서 운동하는 독종으로 유명했고, 잠도 안 자고 연습한다고 해서 이미 그때부터 악바리로 통했다고 한다.

"내가 맞은 만큼의 고통 속에 공격의 기회가 숨어 있다." "나의 고통이 적을 부술 기회를 준다." "한 대를 맞으면 두 대 때린다"라고 그는 말한다. 그가 자신의 모든 것을 걸고 임한다는 걸 알 수 있는 대목이다.

그는 자신의 말처럼 천재는 아니다. 하지만 그 누구보다 종합격투기를 사랑하고, 자신의 일에 진심을 다하며, 그 누구보다 땀의 가치를 아는 사람이다. 그에게 재능이나 능력을 단련하는 루틴이란 따로 없다. 그에게 재능이 있다면 그것은 '노력'이다.

"노력이 재능이라고 하면 이 세상에서 그 누구에게도 뒤처지지 않습니다."

그의 말이 감동적인 이유는 자신이 흘린 땀에 자신 있는 사람만이 할 수 있는 확언이기 때문이다.

포기하지 않고 물고 늘어지기

정찬성은 한국인 최초로 타이틀전 링에 오르며 한 경기당 5억 원 이상의 파이트머니를 받는 세계 최고 수준의 선수다. 하지만 종합격투기 선수로 활동하던 초기에는 생활고 때문에 정신적으로 무척이나 힘든 시기를 보냈다고 한다.

세계 챔피언이 되겠다는 꿈을 이루기 위해 서울로 올라온 그는 창문도 없는 18만 원짜리 고시원에서 지냈다. 2004년도에 한 인터뷰에서 그는 "운동선수는 수입이 없다. 그래서 좋아하는 운동을 하기 위해, 꿈을 이루기 위해 밤 늦게부터 새벽까지 편의점, 호프집 등에서 일을 하며 살았다. 그렇게 번 60~70만 원으로 고시원비와 생활비를 겨우 충당했다"고 회상한다.

젊은 시절의 그에게 꿈은 희망이라기보다 현실이었다. 누구의 도움도 받지 못한 채, 오롯이 혼자의 힘으로 그 어려운 시간을 버티고 견뎌야 했다. 하지만 몸은 아무리 힘들어도 자신이 좋아하는 것을 할 수 있다는 생각에 버틸 수 있었고, 마침내 그토록 꿈에 그리던 UFC 무대에 설 수 있었다.

하지만 세계무대의 벽은 높았고 경기에서 허무하게 연패를 하면서 자신이 지금까지 이를 악물고 해왔던 운동이 천직이 아닐 수도 있겠다는 생각이 들었다고 한다. 그에게도 슬럼프가 찾아온 것이다. 하지만 옆에서 그를 잡아준 친구의 조언으로 '리스타트re-start', 즉 모든 것을 바꾸며 다시 도전하기로 마음먹었다. 그때부터 정찬성은 본인의 운동 습관 중에 불필요하고 비효율적인 부분을 걷어내는 훈련에 집중했고, 그때의 헌신적인 노력으로 지금의 위치에 올라선다.

정찬성의 정신 루틴은 '끝까지 간다'가 아닐까? 어떤 어려움이 닥쳐도 절대 포기하지 않는 집요함이 지금의 정찬성을 만들었다고 해도 틀린 말이 아니다.

◈ 루틴이 없는 것처럼 ◈

사람들은 '루틴'이라고 하면 굉장히 많은 일을 하루 동안 체계적으로 하는 것이라고 생각한다. 하지만 그렇지 않다. 지나치게 많은 루틴을 만들어놓으면 금방 지치고, 몰입해야 하는 일에 집중하기 어렵다. 정찬성의 하루 루틴을 보면 별로 하는 게 없어 보이지만, 그렇게 심플한 루틴을 짠 이유는 오로지 운동에 몰두하기 위해서다.

우리도 마찬가지다. 자신이 중점적으로 해야 할 일을 중심에 두고, 그 외에는 단순하게 루틴을 짜는 것이 자신의 일상을 정돈하고 감당하는 데 훨씬 큰 도움이 된다. 그럼 루틴을 짤 때 도움이 될 만한 팁 몇 개만 들어보자.

1. 여유 있게 시작하기
처음부터 너무 많은 루틴을 실천하려고 하면 지치기 쉽다. 나에게 꼭 맞고 꼭 필요한 루틴만으로 하루를 구성해보자. 물론 그 루틴이 익숙해지면 한두 개씩 늘려가면서 하루를 풍요롭게 사는 것도 좋다.

2. 균형 잡기
루틴을 짜는 이유를 생각해보아야 한다. 장기 계획이 있다면 그 계획과 나의 일상 사이에 균형을 맞추어야 한다. 장기 계획을 이루는 데 필요한 루틴인지, 내가 정말 실천할 수 있는 루틴인지 생각해봐야 한다.

3. 다듬어가기

루틴은 끝없이 변해야 한다. 처음 루틴이 익숙해지면 그 사이에 새로운 루틴을 첨가하고, 내게 맞지 않았던 루틴은 고쳐나가면서 늘 점검하고 재정비해야 한다. 얼마 동안 실행해봤지만 내 일상과 장기 목표에 전혀 도움이 안 된다면? 당연히 버려도 좋다.

배우 하정우의 ⒷⓉⓈ
걸으면서 생각하고
걸으면서 쉰다

하정우는 1978년생으로 2003년 영화 〈마들렌〉으로 데뷔했다. 이후 40여 편이 넘는 영화와 10여 편에 가까운 드라마에 출연하며 명실상부 대한민국 대표 배우로 자리 잡았다.

배우뿐만 아니라, 연출, 각본, 각색, 제작까지 그야말로 다재다능한 재능을 보여주고 있으며, 취미로 시작한 그림을

2007년부터 본격적으로 그리기 시작하여 화가로서의 활동도 겸하고 있다. 국내 H · art Gallery에서 개인전을 연 것을 시작으로 뉴욕, 홍콩 등지에서도 자신의 작품을 전시했다. 2018년에는 《걷는 사람, 하정우》라는 에세이를 출간하여 베스트셀러 작가로도 우뚝 섰다.

배우이자 영화제작자, 영화감독, 화가, 작가 등 다양한 분야에서 개성 있는 존재감을 빛내고 있는 하정우. 그의 루틴에는 어떤 비밀이 숨어 있을까?

걷기를 통해 과정을 생각하다

하정우는 '걷는 사람'으로 통한다. 그는 소문난 걷기 마니아로, 하루에 3만 보를 가뿐하게 걷는다. 하와이에서 하루 10만 보 걷기에 도전한 적도 있다. 어떤 날엔 비행기를 타기 위해 강남에서 김포공항까지 8시간을 걸어간 적도 있다고 한다. 그의 걷기 사랑은 일종의 생활 속 신념처럼 자리 잡혀 있다. 인생에 있어서 마지막 며칠이 주어진다면 걷겠다고 할 정도다.

그의 걷기는 아주 사소한 일에서부터 시작되었다. 2011년 백상예술대상 시상식에서 시상자로 나서면서 "제가 상을 받는다면 국토대장정을 하겠습니다"라고 이야기했던 것이 발단이었다. 그리고 영화 〈황해〉로 남우주연상을 수상하면서 그 약속을 지키기 위해 동료 16명과 함께 서울에서 해남까지 577km를 걷게 되었다.

걷는 사람 하정우는 이 국토대장정을 한 번의 이벤트로

끝내지 않았다. 그는 "시간이 지날수록 나는 길 위의 나를 곱씹어보게 되었다. 그때 내가 왜 하루하루 더 즐겁게 걷지 못했을까?"라고 말하며 길의 끝에 있는 목적지가 중요한 것이 아니라, 길을 걸어가는 과정 속에 있는 자기 자신이 중요하다는 것을 깨달았다고 말한다. 장난처럼 시작된 걷기가 그의 인생을 바꾸어놓은 것이다. 그 후로 하정우에게 걷기는 일상을 버텨내는 가장 중요한 루틴이 되었다.

그에게 걷기는 "나 자신을 아끼고 관리하는 최고의 투자"다. 그는 다른 이들에게도 기분이 가라앉거나 고민이 생기면 일단 걸으라고 권한다. 몸을 움직이면 의외로 고민과 고통이 씻겨진다는 것이다. 그는 말한다.

"걷고 나면 후각이 깨어나고, 입맛이 돌고, 때가 되면 졸립니다. 그런 기본적인 일상을 일깨우는 걷기가 참 좋습니다."

하정우의 TALENT :
꾸준한 일상으로 재능을 지탱한다

하정우는 일상을 지탱해주는 루틴이 '닻'의 기능을 한다고 말한다. 루틴을 지속적으로 반복하면 힘든 상황에서도 일상으로 다시 돌아갈 수 있는 희망이 보인다는 것이다. 하정우는 자신의 책에서 생활 속 루틴을 이렇게 정리한다.

• 아침에 일어나자마자 러닝머신 위에 올라가 걸으며 몸을 푼다. 아침 식사는 반드시 챙겨 먹는다. 작업실이나 영화사로 출근하는 길엔 별 일이 없는 한 걷는다.

하정우는 자신의 책에서 단순히 '걷기'의 장점만을 이야기하고 있지는 않다. 일상 속에서 자신만의 걷기 루틴을 만들면 힘들고 지칠 때, 혹은 생각이 복잡할 때, 의지력이 약해질 때 행동하게 해주는 힘이 생긴다고 말한다.

그는 좋은 작품은 좋은 삶에서 나온다고 믿으며, 좋은 작품을 만들기가 쉽지 않은 만큼 좋은 삶을 살아내는 것도 힘들다고 믿는다. 그래서 좋은 작품을 만들기 위해 좋은 삶을 살려고 항상 노력한다. 좋은 삶을 살기 위해 규칙적으로 살려고 노력하고, 걷기를 통해서 건강을 유지하면서 자신이 사랑하는 일을 오랫동안 할 수 있는 체력을 기르겠다고 다짐한다.

하정우는 연기를 하고 영화를 찍고 시나리오를 쓰는 일이 일상의 단단한 루틴에서 비롯된다고 믿는다. 그가 자신의 일에 근심 없이 몰두하고 몰입할 수 있는 것도 바로 이런 단단한 일상이 뒷받침되어 있기 때문이다.

그의 재능과 역량은 인생의 '닻' 역할을 하는 그의 일상 루틴에서 비롯된 것이다.

막무가내로 쉬지 말고 패턴을 만들어라

하정우는 휴식에도 노력이 필요하다고 말한다. 일을 할 때는 열심히 하면서 정작 휴식을 취할 때는 아무런 노력도 하지 않고 그냥 자기 자신을 던져두는 사람이 많은 것 같다고 이야기한다. 실제로 그렇다. 자기 보상심리에서 비롯된 것일까? 우리는 퇴근을 하고 나면 아무 생각 없이 풀어져버리곤 한다. '오늘 회사에서 힘든 업무를 마쳤으니까, 오늘 팀장님 때문에 힘들었으니까.' 하는 핑계를 대면서 자신을 놓아버리고는, 멍하니 TV를 보거나 게임에 몰두한다. 물론 아무 생각 없이 쉬는 것도 중요하다. 그 쉼이 다음 날의 에너지가 되어주기도 하니까 말이다.

하지만 그런 무기력한 생활이 이어지다 보면 결국은 아무것도 아닌 쉼이 된다. 잭 도시나 스티브 잡스처럼 가치 있게 쉬려면 우리의 삶에 루틴을 세워야 한다. 10분간 명상하는 휴식, 30분 동안 어슬렁어슬렁 산책하는 휴식처럼 자신에게 맞는, 에너지를 북돋을 수 있는 쉼이 필요하다는 뜻이다.

하정우는 작은 행동들이 매일매일 반복되어 습관이 되면 그다음부터는 큰 노력 없이도 행동할 수 있다고 이야기한다. 그렇게 몸에 익은 습관은 루틴이 되고, 루틴은 아무 생각 없이 행동하는 패턴을 만들어주기 때문에 불필요한 생각의 단계를 줄여준다고 강조한다.

그는 반복되는 일상이 지루하게 느껴질 수도 있지만, 그러한 소소한 일상 속에서 작은 행복을 느끼는 것이 자신의 삶을 유지해주는 끈이라고 말한다. 루틴이 그러한 삶을 끈질기게 지탱해주는 닻이 되는 것이다.

◈ 잘 걸어야 몸을 살린다 ◈

걷기가 건강에 도움이 된다는 사실은 모르는 사람이 없다. 사망 위험과 뇌졸중, 치매 위험을 낮춰줄 뿐만 아니라, 우울증과 비만 위험도 감소시킨다니 이보다 좋은 운동은 없을 것이다. 하지만 아무리 좋은 운동도 제대로 하지 않으면 독이 된다. 그럼 어떻게 걸어야 운동 효과를 최대치로 끌어올릴 수 있을까?

1. 턱을 당기고 엉덩이가 뒤로 빠지지 않도록 한다.
2. 시선은 10~15m 앞을 주시한다.
3. 발을 내디딜 때 뒤꿈치부터 정확하게 닿도록 한다.
4. 팔자걸음으로 걷지 않는다.
5. 실제 보폭보다 좀 더 넓고 빠르게 걷는다.

걷기는 결과가 중요하지 않다. 걷는 과정이 중요하다. 걸으면서 자신의 몸에 집중하고, 하루 동안 복잡했던 머릿속을 정리하는 것으로 충분히 가치 있다.

개그맨 김병만의 BTS
몸을 단련하듯
정신을 단련하다

개그맨을 넘어 희극배우로 인정받고 싶었던 김병만은 그 꿈을 이루기 위해 무작정 서울에 상경하여 노가다, 신문 배달, 전기설비 등의 일을 하며 생계를 이어갔다. 낡아서 곧 무너질 것 같은 집에 머물며 그는 하루하루 마음을 다잡았다. 그 어떤 누구보다 성공할 거라고….

《꿈이 있는 거북이는 지치지 않습니다》라는 자신의 책 제목처럼 그는 꿈이 있기에, 목표가 있기에 지쳐도 다시 일어났고, 쓰러질 시간조차 없을 만큼 바쁘게 살았다. 김병만에게 꿈은 자신을 움직이게 하는 삶의 큰 원동력이었으며, 끊임없이 목표를 향해 달리게 하는 힘이었다. 꿈이 없었다면 그는 지금의 김병만이 될 수 없었다.

김병만의 BODY :
하루 24시간 쉼 없이 움직이기

몸을 쓰는 일에선 둘째가라면 서러워하는 김병만은 타고난 신체적 능력도 있지만, 견디기 힘든 것을 견디는 방법으로 끊임없이 움직이고 노력하는 인물이다. 타고난 운동신경으로 〈개그콘서트〉 달인 코너에 등장한 그는 고작 5~6분 출연을 위해 한 달 넘게 꾸준히 준비하고 연습한다. 달인 코너 특집으로 외줄타기에 도전했을 당시에는 한 달간 4번, 2시간씩 배워 외줄타기에 성공했다. 2011년에 방송된 〈김연아의 키스&크라이〉에서 보여준 부상 투혼은 그가 연습에 얼마나 미쳐 있는지 확인하는 과정이기도 했다.

아치 없는 평발, 뼛조각이 돌아다니는 고질적인 양 발 골절이라는 단점에도 부족한 만큼 더 뛰어야 한다는 걸 알기에 김병만은 지독하게 연습한다. 뱁새가 황새를 따라가려면 날갯짓 한 번 더 해야 하는 것처럼 일부러 더 악착같이 연습하고 올인한다고 그는 말한다.

연예인이라는 직업은 불규칙한 시간의 연속이다. 어떨 때는 잠도 자지 못할 만큼 바쁘지만, 어떨 때는 아무 일 없이 며칠을 쉴 수도 있다. 때문에 그에게는 별도의 신체 루틴이 없다. 하지만 '달인'으로 뜨기 전부터 지금까지 쉬어본 적이 없다. 스케줄이 있을 때는 하루 3~4시간만 자야 소품 준비며 프로그램 녹화, 행사 등을 마칠 수 있고, 일이 없더라도 앞으로 자신에게 어떤 역할이 주어질지 모르니, 항상 몸을 관리하고 준비해놓아야 한다. 따라서 규칙적으로 지키는 루틴은 없어도 그의 일상은 늘 쉼없이 바쁘다.

기발하고 독특한 도전으로 기네스북에 올라 있는 김병만은 100번 연속 코 풀기, 눈 안 감고 3일 버티기, 물구나무 서서 노래하며 10시간 동안 걷기, 24시간 쉬지 않고 웃기, 10번 연속 거꾸로 점프하기, 코끼리코로 1,000바퀴 돌기 등 30개의 달인 타이틀을 가지고 있다.

그중에서 가장 눈길을 끄는 건 '영하 10도 강물에서 5시간 동안 몸 담그기'다. 한강 물에 뛰어들어 누구도 흉내 낼 수 없는 특유의 끈기를 보여줌으로써 평소 개그도 열심히 하지만 체력 관리도 열심히 하는 열정을 증명해 보였다.

이런 강철 체력을 가진 그는 태권도 2단, 합기도 2단, 쿵

후 2단, 격투기 2단까지 8단 유단자다. 못 하는 게 없는 김병만은 국민체육진흥공단에서 측정한 운동능력에서 종합 1등급을 받아 강철 체력임을 다시 한 번 입증했다.

특별한 신체 루틴은 없지만 하루 24시간이 몸을 단련하는 루틴이라고 해도 틀린 말이 아니다. 다음 목표를 위해 몸을 끊임없이 움직이면서 도전하는 김병만은 도전으로 꽉 찬 루틴을 살아내고 있다.

안 되면 다른 꿈을 꾼다

학교 다닐 때 공부와는 거리가 멀었던 김병만은 학력 콤플렉스와 영어 콤플렉스를 극복하자는 결심으로 조종사 자격증 따기에 도전했다. 3년 동안 하루 10시간씩 공부한 끝에 시험에 합격한 그는 뭔가를 배울 때면 거기에 흠뻑 빠져 삶이 주는 시름을 잊는다. 배우는 데 시간과 돈, 그리고 열정을 아끼지 않아야 한다고 말하는 것에서 배움에 대한 그의 열의를 엿볼 수 있다.

어쩌면 김병만은 달인이기보다는 노력하는 사람이고, 타고난 재주꾼이 아닌 죽도록 노력하는 사람이다. 대학 6수, 개그맨 7수를 거쳤고, 그럼에도 꿈을 포기하지 않아 마침내 개그맨이 된 그의 여정은 놀라우면서도 감탄을 자아낸다. 그뿐만이 아니다. 그는 무대 공포증을 해소하기 위해 4년 동안 연극을 배웠으며, 꾸준히 중국어와 영어를 배우고 있다. 뉴질랜드에 '병만랜드'를 만든 것에 이어, '한글 주택'을 시작으로 틈틈이 집짓기에도 도전한다.

전략적 시간의 달인 김병만은 어려서부터 할아버지의 평생에 걸친 계획 노트를 보면서 나도 할아버지처럼 살아야겠다고 결심하게 되었다고 한다. 할아버지와 같이 살면서 그런 계획성 있는 모습에 큰 영향을 받았고, 그로 인해 연극 무대에 섰을 때부터 선배들이 들려주는 연기 관련 이야기를 꼼꼼히 기록하는 버릇이 생겼다고 한다. 일기도 꼬박 몇 년을 이어서 쓸 만큼 기록하는 것을 좋아한다. 아이디어가 생각날 때마다 그곳이 어디고 무슨 일을 하고 있든 메모하는 습관도 그 연장선상에 있다. 이 아이디어 노트는 그가 개그맨 생활을 할 때뿐만 아니라 인생을 살아가는 데도 큰 도움을 주었다고 한다.

목표가 생기면 반드시 성취하고 마는 김병만은 자격증만 40개가 넘는 자격증 부자다. 〈정글의 법칙〉에 출연하기 위해 자격증을 따기 시작했는데, 그때 딴 자격증이 굴착기 운전 기능사, 지게차기능사, 보트 운전, 도검 소지 허가증, 피겨 초급, 공업 배관기능사, 바이크 소형·대형, 스쿠버다이빙과 프리다이빙, 스카이다이빙 탠덤(교관), 자가용조종사 자격증(PPL) 등이다. 다른 사람은 있는지도 모르고, 안다 하더라도 쉽게 도전하지 않는 분야의 자격증들이다. 특히 파일럿이 되기 위해 다섯 과목의 필기를 통과했고, 항공무선통신사 자격증을 추가로 따기 위해서는 네 과목을 공부하기도 했다. 과목당 필기시험에 31번이나 도전한 끝에, 마침내 자격증을 딸 수 있었다.

특히 사업용 조종사 자격증은 연예인 최초로 딴 자격증이다. 이 자격증은 스카이다이빙을 하다 척추골절로 병상에 누워 있을 때 우울감을 극복하기 위해 도전했다. 스카이다이빙 자격증을 못 딴다면 방향을 틀어 새로운 도전을 해봐야겠다는 생각이 들었다고 한다.

위기에 굴복하지 않고 생각을 바꿔 다른 꿈을 찾으니 또다른 꿈이 눈앞에 또렷이 나타났다고 말하는 김병만은 부상이 전환점이 되었다고 말한다. 하지만 말이 쉽지, 이런 생각을 하는 게 쉬운 일은 아니다. 목표를 눈앞에 두고 쓰러져버리면 그때의 좌절감이란 이루 말할 수 없다. 하지만 김병만은 실패에서 희망을 찾으려 애쓴다. 안 되면 다른 것을 하면 된다고 긍정적으로 생각을 바꾸는 것이다. "안 되면 되게 하라"는 말은 옛말이다. 안 되면 다른 꿈을 꾸는 것도 현명한 방법이다.

좀처럼 포기하지 않는 그는 말한다. "포기하지 않으면 꿈은 이루어지고 꿈이 있는 자에게는 위기가 기회가 된다"고 말이다.

김병만은 타고난 재능이 있어서 그저 그것을 발굴하기만 하면 되는 인물은 아니다. 그에게는 자신의 재능을 더 빛내주는 특별한 비법이나 루틴도 없다. 그의 재능은 노력이고, 포기하지 않는 집념이다. 만약 그에게 재능을 꽃피우기 위한 루틴이 있다면, 언제 어디서나 쉬지 않고 노력하는 일일 것이다.

성공한 사람들의 세 가지 루틴

꿈꾸는 자만이 살아 있다

김병만은 〈집사부일체〉에서 이렇게 말했다.

"꿈이 끝나는 순간은 실패했을 때도 아니고, 이루었을 때도 아니에요. 꿈이 끝나는 순간은 새로운 꿈이 생겼을 때이며, 꿈은 죽어야 끝나는 것입니다."

가진 건 꿈밖에 없던 그는, 늘 새로운 꿈을 꾸고 그 꿈을 이루는 것으로 삶의 의미를 찾는 사람이다. 그가 이렇게 무슨 일이든 두려움 없이 도전할 수 있었던 것은 긍정적인 태도를 가졌기 때문이다. 그는 잘 안 되면 다시 하면 되고, 그래도 안 되면 방법을 바꿔서 하면 되고, 그래도 안 되면 다른 목표에 도전하면 된다고 생각하는 대단히 긍정적인 사고방식의 소유자다. 심지어는 자신의 단점까지도 긍정하고, 그것을 탓하기보다는 단점을 극복하기 위해 더 노력하는 방식을 택한다.

막다른 길인 것만 같은 좌절의 순간에 포기하지 않고 또 다른 꿈으로 방향을 틀었던 발걸음이 지금의 그를 만들었다고 해도 틀린 말이 아니다. "한 우물만 파라"고 충고하던 옛말과 정면으로 배치되는 것 같기도 하다. 하지만 김병만이 보여준 지금까지의 행보를 보면 그의 말이 무슨 뜻인지 알게 될 것이다.

"꿈은 포기하는 것이 아니고, 포기해야 하는 순간이 왔을 때 잠시 가려져 있던 또 다른 꿈을 찾는 것이다."

김병만이 지금처럼 많은 사람의 박수와 인정을 받게 된 것은 이런 유쾌한 집요함이 그만의 독보적인 성취를 만들어 냈기 때문일 것이다.

◈ 운동만큼 중요한 스트레칭 루틴 ◈

많은 사람들이 운동은 중요하게 생각하면서 운동 후 스트레칭에 대해서는 무관심하다. 하지만 운동 후 스트레칭을 하지 않으면 근육에 해로울 뿐만 아니라, 부상도 올 수 있다. 이렇게 중요한 스트레칭, 어떤 루틴으로 실행하면 될까?

1. 다리, 이두박근, 대퇴골 스트레칭

한쪽 다리를 안으로 굽히고, 다른 한쪽 다리를 바깥쪽으로 뻗은 뒤, 뻗은 다리와 같은 쪽에 있는 손을 뻗어 발끝에 닿게 한다. 20~30초간 유지한 후 다리를 바꿔 진행한다.

2. 복부 스트레칭

복부 부위는 스트레칭할 때 가장 중요한 부위 중 하나다. 균형을 유지하는 핵심이기 때문이다. 30초 동안 플랭크 자세를 유지한다.

3. 등과 가슴 스트레칭

등 뒤로 손을 잡는다. 등과 다리를 곧게 하고 엉덩이를 약간 바깥쪽으로 향하게 하면서 팔을 최대한 뻗는다. 약 30초간 유지한다.

4. 허벅지 스트레칭

쪼그리고 앉은 자세로 한쪽 다리를 쭉 뻗고 가능한 한 오래 버틴다. 다른 쪽 다리도 번갈아 진행한다.

숙박테크 업계 베테랑 황성원의 BTS
버려지는 시간을 활용하여
몸을 리셋하다

나는 나 자신이 누구보다 건강하고 강하다고 생각해왔다. 그런 믿음 탓에 불규칙적인 생활 습관과 폭식하고 폭주하는 식습관을 고치지 않았다. 그렇게 30대를 보내고 어느덧 40대 초반의 가장이자 직장인이 되었다.

그러던 어느 날, 2년 만에 건강검진을 받으러 갔다가 큰 충격을 받았다. 수축기 혈압이 155가 넘는 초고혈압이라는 결과가 나온 것이다. 간호사가 잠시 쉬었다 다시 측정하라고 해서 그 말을 따랐지만, 결과는 마찬가지였다. 그뿐만 아니라 내장지방, 복부 비만, 역류성 식도염, 당뇨, 간 수치 이상, 대사증후군 위험이라는 진단까지 받았다.

검사 결과를 받고 깨달았다. 내가 그동안 잘못 살아왔다는 것을. 이대로 살다가는 아이들과 함께할 수 있는 시간이 줄어드는 게 아닌지 하는 현실적인 생각에 두려움이 밀려들었다. 자기관리를 못해 이 지경까지 만든 나 자신이 미워지기도 했다. 그래서 결심했다. 변화하기로. 모든 것을 제자리로 돌려놓기로 말이다.

자투리 시간을 알뜰하게 활용하라

결과부터 말하자면, 나는 100일 뒤에 건강을 되찾았다. 100일 동안 20Kg을 감량했고, 내추럴보디빌딩 대회에 출전하여 5위에 입상했으며, 평생 처음으로 보디프로필도 찍었다. 그 흔한 퍼스널 트레이닝 한 번 받지 못하고 이뤄낸 일이라 나에게 이 모든 일은 기적이었다. 100일 동안 이런 결과물을 만들어낸 내 자신이 무척이나 자랑스러웠다. 모든 수치가 정상으로 돌아왔고, 에너지로 가득 찬 하루하루를 보내게 되었지만, 무엇보다 기쁜 것은 나에 대한 강한 믿음과 자신감이 생겼으며, 앞으로 남은 인생을 살아가면서 무엇이든 해낼 수 있다는 확신을 가지게 되었다는 점이다.

어떻게 혼자서 몸을 관리했냐고? 나만의 신체 루틴에 그 비밀이 숨어 있다.

먼저 일상 속에서 나만의 루틴을 만들어야 한다. "빗물이 바위를 뚫는다"는 말처럼 일상생활 속 작은 습관들이 거대한 결과를 만들어낸다.

나는 먼저 무의미하게 보내는 출퇴근 시간을 몸을 관리하는 데 쓰기로 했다. 우선 2시간이나 하는 이동시간을 줄이고 운동 시간을 늘릴 수 있는 방법을 생각했다. 일찍 출근하기밖에 없었다. 러시아워 시간을 피할 수 있도록 새벽 출근을 시작했다. 출근 시간을 당겼더니 사무실 근처 체육관에서 1시간 정도는 운동할 수 있는 여유가 생겼다. 처음에는 새벽에 일어나는 것도 힘들고, 운동을 하고 근무를 하려니 피곤하기도 했지만, 하루 이틀 지나니 자연스럽게 습관이 되어

내추럴보디빌딩 대회에 출전했을 때의 모습

아침 운동형 인간이 될 수 있었다.

목표한 바가 있으면 그 목표를 달성하는 데 맞춰 하루 루틴을 짜면 좋다. 거창하거나 지나치게 엄격하고 빽빽한 루틴이 아니어도 아주 작은 태도나 습관의 변화만으로도 생활은 급속도로 바뀐다. 작은 습관들이 쌓이고 쌓여서 변화가 일어나는 것이다.

나는 자투리 시간도 몸을 관리하는 데 이용했다. 출퇴근하는 지하철역에서는 반드시 계단을 이용했고, 지하철 안이나 버스 안에 서 있을 때도 가만히 있지 않았다. 뒤꿈치 들어올리기, 뒤꿈치 대고 앞꿈치 최대한 들어올리기, 발목 돌리기, 어깨 돌리기, 목 돌리기, 목을 좌우로 5초간 고정하여 자극 주기, 손바닥 주무르기, 손목 돌리기 등 좁은 공간이라도 옆 사람에게 피해를 주지 않고 할 수 있는 범위에서 최대한 몸에 자극을 주는 운동을 했다.

점심시간에도 도시락으로 간단하게 점심을 해결하고 30분 정도 주변을 산책했다. 퇴근 시간대 러시아워를 피하기 위해 헬스장에서 1시간 정도 걷기나 사이클 같은 유산소 운동을 하고 집에 왔다.

대단히 어려운 일이 아니다. 특별한 사람만 할 수 있는 일도 아니다. 이런 자투리 시간을 활용하면 크게 부담스럽지 않은 범위에서 생활 방식을 완전히 바꿀 수 있다. 생활 방식이 바뀌면 몸이 바뀌고, 몸이 바뀌면 정신이 바뀐다. 과장이 아니라 인생이 바뀌는 첫걸음이다.

황성원의 TALENT :

훌륭한 파트너와 함께 반복해서 공부하기

나는 여러 외국계 회사에서 근무한 경험이 있다. 주한 미국 대사관 공보과 문화부서에서 인턴으로 근무했고, 아시아 최대의 호텔 예약 사이트인 '아고다' 사업개발본부에 첫 한국인으로 입사해 한국 시장을 론칭했다. 이후 전 세계 최대 여행정보 사이트인 미국의 '트립어드바이저', 기업가치 1조 원 이상의 유니콘 스타트업인 중국의 '투지아', 호텔 솔루션 기업인 영국의 'OTA 인사이트' 등 영어가 주 언어인 환경에서 근무해왔다.

그래서인지 가끔 주변에서 "외국에서 살았어요?"라는 질문을 받는데, 사실 나는 그 흔한 어학연수나 유학조차 가본 적이 없다. 그런데도 어떻게 외국계 회사에서 실력을 인정받으며 일할 수 있었을까? 'EBS 영어 라디오' 덕분이다.

EBS 라디오는 누구나 좋은 영어 학습 루틴을 만들기에 최적의 조건을 가지고 있다. 오전 7시부터 오후 10시까지

독학으로 영어 실력을 쌓는 데 큰 도움을 준 학습 파트너 'EBS 영어 라디오'

방송을 해서 새벽이나 아침 시간을 활용할 수 있으며, 월요일부터 토요일까지 방송을 하기 때문에 하루하루 빠지지 않고 학습 루틴을 갖출 수 있다. 말하기, 읽기, 쓰기, 초급, 중급, 고급 등 나의 필요에 따라 레벨을 선택할 수 있다는 것도 장점이고, 20분 단위로 방송을 하기 때문에 부담 없이 학습할 수 있다. 반복 청취 또한 가능해서 복습이 쉽고, 대한민국 최고 수준의 강의를 들을 수 있다는 점도 큰 메리트다. 게다가 무료 방송이고 교재도 아주 저렴하다.

이런 학습 파트너가 있으니 나만 열심히 하면 된다. 나는 항상 노트를 펴고 방송을 들었다. 문장 단위로 끊어서 들은 뒤, 반복해서 들으면서 문장을 받아 적었다. 반복해서 듣고 입으로 소리 내어 읽고, 들리지 않는 부분은 괄호로 처리해서 괄호가 사라질 때까지 계속 들었다. 문장을 완성하고 난 다음에도 이동하거나 운동할 때 1.5배속 또는 2배속으로 틀어놓고 반복해서 들었다.

내가 독학으로 영어 실력을 쌓을 수 있었던 것은 나의 부족함을 채워주는 훌륭한 공부 파트너와 쉬지 않고 반복해서 공부했기 때문이다. 루틴이랄 것도 없다. 그저 반복, 반복, 또 반복만 있을 뿐이었다. 중요한 것은 어떤 상황에서라도 공부하는 시간을 건너뛰지 않았다는 점이다. 일주일에 두 번 10시간을 공부하는 것보다 매일매일 1시간씩 공부하는 게 영어 실력 향상에 훨씬 효과적이다.

황성원의 SPIRIT :

구체적으로 상상하고 큰 소리로 확언하라

마음의 캔버스에 꿈을 그리고 간절히 바라면 현실이 된다. 자신의 꿈을 머릿속으로 최대한 선명하게 그려보고, 그것이 현실이 될 수 있도록 노력하면 무엇이든 이룰 수 있다는 뜻이다.

사실 내추럴보디빌딩 대회에는 주로 현역 트레이너나 선수들이 출전한다. 나이대도 대부분 20대, 30대 초중반으로 신체 조건이 압도적으로 뛰어난 사람들이 대부분이다. 그래서 나는 나 같은 아저씨가 무대에 오르는 게 과연 잘하는 일인지 수도 없이 고민했다. 일반적인 신체 조건으로 무대에 섰을 때 사람들이 웃지나 않을지 걱정스러웠다. 그때마다 나는 내 꿈이 무엇인지를 머릿속으로 그려보았다. 튼튼하고 건강한 몸으로 보디프로필을 찍는 모습, 건강을 되찾아 활기차게 생활하는 모습 등을 구체적으로 그리고, 반드시 그 목표를 실현하겠다고 마음을 다잡았다.

이런 반복적인 상상과 이미지 트레이닝의 영향 때문인지 대회 당일에 전혀 긴장하지 않고 마치 여러 번 올라본 무대마냥 편하게 퍼포먼스를 할 수 있었고, 그 결과 5위 메달 입상이라는 결과를 만들어냈다.

아마 시간과 경제적인 이유를 핑계 삼아 이런 이미지 트레이닝 없이 무대에 올랐다면 실수를 했을지 모른다. 하지만 내 마음속에 그려놓았던 선명한 붓 터치 덕분에 나는 내 꿈에 생생하게, 그리고 가깝게 다가갈 수 있었다.

내가 목표했던 것을 내 생활의 우선순위로 두되, 너무 의식하지 말아야 한다. 그저 하루의 흐름 안에 살짝 집어넣고 물 흐르듯이 실천하면 된다. 내 생활에 변화가 생기기 시작하면 누가 시키지 않아도 스스로 신이 나서 의욕적으로 실행하게 된다. 하지만 앞만 보며 걸어간다면 끝이 보이지 않는 막막함에 지쳐 포기할지도 모른다. 그러니 가끔 뒤를 돌아볼 필요도 있다. 뒤를 돌아보면 내가 벌써 이만큼이나 왔다는 생각에 위안이 되고 격려가 된다. 초반에 무리하지 말고 목표치를 조금씩 올려나가면 된다. 지금의 내 상태보다 반걸음만 더, 한 걸음만 더, 컨디션이 좋은 날은 몇 걸음 더 나아가면 된다.

뒤를 돌아보면 알게 되지만 나는 벌써 이만큼 멀리 와 있다. 그러면 확실히 이전보다 나아지고 있다는 확신과 긍정적인 마인드로 자신을 믿게 된다. 나는 의지가 강한 사람이라는 것을 스스로에게 끝없이 말해야 한다.

누구나 목표의 종류나 그 크기가 다를 것이다. 하지만 공통점은 시도하지 않으면 아무것도 가질 수 없다는 점이다. 목표를 가지고 도전해서 조금의 변화라도 이끌어내고 이 방식이 내 몸에 배어들도록 반복하는 것은 누구나 할 수 있다. '운동을 할 시간이 없다.' '헬스장이 너무 멀다.' 같은 변명은 핑계일 뿐이다. 내가 바라는 목표에 맞춰 일상의 루틴을 짜고 그것이 자연스럽게 몸에 배어들 수 있도록 하루도 거르지 않고 루틴을 실천하는 것. 이것이 바로 성공을 부르는 루틴이다.

◈ 다이어트, 루틴에게 맡겨줘 ◈

다이어트는 모든 남녀의 새해 목표이자 숙원이다. 하지만 시작하는 사람은 많아도 성공하는 사람은 많지 않다. 처음에는 살이 빠지는가 싶다가도 요요현상으로 어느덧 몸무게는 더 늘어나고, 건강하려고 시작했던 다이어트인데 피부도 나빠지고 체력은 더 떨어지는 것 같다.

이 모든 실패의 원인은 잘못된 방법으로 다이어트를 하기 때문이다. 안 먹고 운동만 하는 다이어트는 오히려 근손실을 가져와서 신체 에너지를 떨어뜨리고 영양 불균형을 초래해 신체 균형을 깨뜨린다.

건강한 방법으로 다이어트도 루틴화하면 요요현상 없이 건강하게 살을 뺄 수 있다.

1. 생활 습관 바꾸기

불규칙한 수면, 불규칙한 식사, 먹고 바로 눕는 등 나쁜 생활 습관부터 고쳐야 한다. 기상, 수면, 운동, 식사 시간을 타임테이블로 정해두고 철저히 패턴화시켜야 한다.

2. 숨 쉬듯 운동하기

하루에 30~40분 정도 가벼운 걷기나 자전거 타기를 해보자. 고강도 운동은 관절에 무리를 주고, 오래 지속하기도 힘들다. 살을 빨리 빼겠다는 성급함보다 건강한 삶의 방식으로 바꾸겠다는 마음가짐이 필요하다.

3. 음식의 양과 종류 바꾸기

몸무게에 집착해서 아예 식사를 하지 않거나 소식을 하면 몸에 해롭다. 식사량을 과하게 줄이지 말고 적은 양을 먹더라도 탄단지(탄수화물, 단백질, 지방)의 비율이 제대로 된 식단으로 바꾸면 몸이 변하는 걸 실감할 것이다. 음식을 제한하는 것도 장기적으로 볼 때 안 좋은 방법이다. 한 끼에 600~700Kcal를 세 끼, 든든하게 챙겨 먹는다.

브랜드 컨설팅 전문가 최지희의 ⒷⓉⓈ

체계적이고 디테일하게
1년을 계획하라

나는 브랜드 컨설팅을 전문으로 하는 사업체를 운영하면서 기업 강의, 벤처기업의 액셀러레이팅 프로그램 코칭 등을 겸하고 있다. 최근에는 소상공인들을 위한 마케팅강의 플랫폼을 구축해서 운영 중이다.

이렇게 많은 역할을 소화해낼 수 있는 힘은 시간에 쫓기지 않고 시간을 주체적으로 사용하는 계획적인 삶의 방식에 있다. 실제로 나는 언론학 박사과정 공부를 하며 사업체를 꾸려왔고, 강의도 하고 있다. 그러면서 두 권의 책도 써냈다. 눈코 뜰 새 없이 바쁘게 사는 것 같지만 그렇지 않다. 체계적으로 시간을 관리하면 누구에게나 가능한 일이다.

나는 내일을 위해 오늘을 희생하며 살아가기보다는 나에게 주어진 오늘을 소중하게 생각하는 '삶을 대하는 태도'가 중요하다고 생각한다. 그렇게 매일매일 최선을 다하며 후회하지 않는 삶을 살아가기 위해서 주체적이고 계획적인 삶의 방식이 필요하다.

나의 지인들은 나를 보면서 어떻게 그렇게 에너지가 넘치고 긍정적이냐고 묻는다. 비결은 '산책'에 있다. 산책으로 일상이 얼마나 건강하게 바뀌었는지 경험한 뒤에는 밤 산책을 일상 속의 루틴으로 만들었다. 그리고 그 긍정적이고 밝은 에너지를 다른 사람들에게도 전해주고 싶다.

최지희의 B BODY :

밤 산책이 긍정의 삶을 만든다

코로나 블루라는 무기력한 상황을 온몸으로 느끼며 나는 점점 확찐자가 되어갔다. '어차피 헬스장 문 닫았어.' '어차피 사람 많은 곳엔 못 가.' '어차피 운동할 시간도 없어'라는 생각으로 점점 더 소파와 한 몸이 되어가던 어느 날, 문득 소파에 누워 아무 생각 없이 TV만 보고 있는 내가 너무 한심하다는 생각이 들었다. 스트레스로 인해 기력은 점점 더 쇠해지고 몸은 자꾸만 무거워져 갔다. TV 리모컨을 만지작거리면서 고민을 하기 시작했다. '정말 나는 시간이 없어서 운동을 못하는 걸까? 나에게 주어진 자유시간이 정말 하루 중에 한 시간도 없는 걸까? 운동을 할 수 있을 만한 자유시간은 언제일까?'

나는 보통 9~10시 이후 집 안을 청소하고, 내일 할 일을 정리하며 하루를 마무리했다. 그러니 나의 자유시간은 모두가 휴식을 준비하는 고요한 밤이었다. 그래서 나는 야밤에

운동을 하기로 마음먹었다. 그리고 그날 저녁, 하루 일과를 마무리한 후 조용히 밖으로 나갔다. 그리고 산책로 입구를 찾아 무작정 걸었다. 집에서 15분 정도를 걷다 보니 한강 산책로 입구가 보였다. 그 15분이 왜 그리 길게 느껴졌는지 모른다. 첫날엔 산책로 입구만 확인하고 집으로 돌아왔다. 다 해봤자 왕복 30분이었는데 처음이다 보니 그것도 힘들었다. 그래도 밖으로 나와 바깥 공기를 마실 수 있겠다는 가능성을 확인한 것만으로도 기분이 좋았다.

첫날 이후 용기를 얻은 나는 다음 번 산책에서는 산책로 입구에서 조금 더 들어가 산책로의 생김새를 확인했고 처음보다는 덜 힘들게 걸었다. 그렇게 일주일에 두 번, 일주일에 세 번, 그러다가 매일매일로 산책 횟수를 늘렸고, 걷는 것이 점점 즐거워지기 시작했다.

이제 밤 산책은 나의 하루를 마무리하는 루틴이 되었다. 처음 산책을 시작할 때는 큰 목표를 세우지 않고 그냥 신선한 바깥바람 좀 쐬고, 굳어 있던 몸을 풀어주자는 마음이었다. 하지만 그렇게 하루 이틀 걷다 보니 산책이 내 삶에 긍정적인 영향을 미치는 것을 조금씩 느낄 수 있었다.

걷기는 흔히 만병통치약이라고도 불린다. 걷는 것만으

로도 심폐 기능 향상, 혈액 순환 촉진, 당뇨 · 고혈압 · 고지혈증 · 골다공증을 예방하는 등 신체적으로 긍정적인 영향을 받을 수 있다. 일주일에 20시간 이상씩 걷는 것만으로도 혈액 순환이 원활해지고, 뇌졸중 발생 가능성이 40% 정도 낮아지며, 혈압과 콜레스테롤 수치도 낮아져서 심장마비의 위험성이 50% 정도 떨어진다고 한다. 게다가 우울증 치료, 스트레스 해소, 기억력 회복 등 정서적으로도 긍정적인 효과를 얻을 수 있다.

사실 '산책'과 '걷기'는 다르다. 산책은 '소요逍遙'와 비슷

조용하고 한적하게 생각하며 걷는 밤 산책길

한 말로 쓰이며 '천천히 걷는다'라는 의미다. 사실 이렇게 천천히 걷는 것으로 다이어트나 근력운동의 효과를 기대하기는 쉽지 않다. 산책은 운동으로써 신체를 단련한다기보다 두뇌를 쉬게 하고 정서적으로 긍정적인 영향을 주는 효과가 훨씬 더 크다. 산책은 창의력을 향상시켜 문제 해결력을 증진시킬 수 있고, 스트레스 지수를 낮추어 정서적으로도 신체적으로도 긍정적인 영향을 미친다.

산책을 하다 보면 복잡하던 생각이 정리되는 경우가 많다. 억지로 생각을 하며 문제를 해결하려고 해서가 아니라, 오히려 머리를 비우고 아무 생각 없이 뇌에 휴식을 줌으로써 의식의 저 밑에서 창의적 생각들이 저절로 떠오를 수 있는 기회를 제공한다고 볼 수 있다.

밤 산책을 루틴으로 만들기 위해서는 철저하게 몇 시부터 몇 시까지 하겠다는 식으로 시간을 정해두는 것보다 청소를 끝내놓고 나간다, 설거지를 끝내고 나간다, 내일 할 일을 미리 준비해두고 나간다 등으로 하루 일과의 흐름 속에 자연스럽게 넣어두는 게 좋다. 그런 면에서 아침 산책보다 밤 산책이 시간을 훨씬 더 유동적으로 활용할 수 있다.

가로등이 있는 길, 외지지 않은 길, 탁 트인 길 등 위험하지 않은 나만의 루트를 만들어서 여유 있고 느긋하게 걸으면 하루 동안의 스트레스가 온 데 간 데 없이 사라진다. 장비도 필요 없다. 그저 튼튼한 두 발과 계절에 맞는 옷차림이면 족하다. 자연을 친구 삼아 걷는 산책, 하루 일과를 마치고 생각을 정리하며 걷는 밤 산책은 내일을 시작하는 활력소다.

디테일하고 체계적인 계획 세우기

나는 종종 주변 사람들에게 "내일 할 일을 오늘 하지 말자"라며 웃으며 이야기한다. 그러면 사람들은 도대체 그게 무슨 말이냐고 반문한다.

우리는 늘 발을 동동 구르며 바쁘게 살아간다. 하지만 사실 그건 진짜 바쁘게 사는 게 아닐 수도 있다. 집중해서 일을 하지 않거나 체계적으로 일을 진행하지 않으면 마음만 바쁘고, 오히려 휴식을 제대로 즐기지 못한다.

계획을 세운다는 것은 단순히 '계획적으로 산다는 것' 이상의 의미를 가진다. 목표치를 설정해두고 역순으로 계획을 세우면 휴식시간도 여유 있게 즐길 수 있다. 오늘 계획한 만큼의 일을 완료하면 목표한 날짜에 목표한 업무의 양을 달성할 수 있다는 것을 알고 있기 때문에 휴식도 마음 편하게 즐길 수 있는 것이다. 그렇게 하기 위해서는 디테일하게 계획을 세워야 하고, 그런 디테일한 계획을 세우기 위해서는 스스로에 대해 잘 알고 있어야 한다. 자신이 어떤 일을 어느 정도 수행하기 위해서 얼만큼의 시간이 필요한지 스스로가 인식하고 있어야 하기 때문이다. 그러한 인식을 메타인지라고 한다. 이 메타인지는 간단하게 말해, 나는 얼마만큼 할 수 있는가에 대한 판단이며, 학습에 대한 능력이나 운동에 대한 능력 등 스스로에 대한 객관적인 판단에 대한 인지 능력이다. 이러한 객관적인 판단을 기반으로 구체적인 계획을 세워야 한다.

나는 내게 맞는 플래너에 매년 초 직접 연간 계획을 작성해서 생활하는 루틴을 유지하고 있다.

	월	화	수	목	금	토	일	마케팅	제품개발	고객관리	회계
12			1	2	3	4	5				
	6	7	8	9	10	11	12				
	13	14	15	16	17	18	19				
	20	21	22	23	24	25	26	각 팀의 이름 혹은 업무의 카테고리를 지정했습니다.			
신정	27	28	29	30	31	1	2				
1	3	4	5	6	7	8	9	설연휴-4			
	10	11	12	13	14	15	16	설연휴-3			
	17	18	19	20	21	22	23	설연휴-2			
	24	25	26	27	28	29	30	화이트데이-3/설연휴-1			
2 설연휴	31	1	2	3	4	5	6	화이트데이-2			
	7	8	9	10	11	12	13	화이트데이-1			
화이트데이	14	15	16	17	18	19	20	화이트데어			
	21	22	23	24	25	26	27	발렌타인데이-3			
3 삼일절	28	1	2	3	4	5	6	발렌타인데이-2			
대선	7	8	9	10	11	12	13	발렌타인데이-1			
발렌타인데이	14	15	16	17	18	19	20	발렌타인데이	정기적인 프로젝트(업무)가 진행되는 기간을		
	21	22	23	24	25	26	27		미리 예상하여 정리했습니다.		
4	28	29	30	31	1	2	3				
	4	5	6	7	8	9	10				
	11	12	13	14	15	16	17	어린이날/어버이날-3			
	18	19	20	21	22	23	24	어린이날/어버이날-2			
	25	26	27	28	29	30	1	어린이날/어버이날-1			
5 어린이날/어버이날	2	3	4	5	6	7	8	어린이날/어버이날	각 업무가 시작되는 시점을 표시했습니다		
	9	10	11	12	13	14	15				

목표치를 설정하고 역순으로 계획을 세워 정리한 연간 스케줄표

계획을 세우는 것은 그냥 팍팍하게 사는 것과는 다른 의미다. 내게 주어진 시간을 주체적으로 사용하고 밀도 있게 채운다는 의미다. 직장에서도 마찬가지다. 계획을 세워서 매뉴얼대로 진행한다는 것은 실행하고, 보고하고, 피드백을 받아서 더 나은 방향으로 나아가야 한다는 전제조건을 깔고 있다. 꽉 짜여서 융통성 없는 틀에 박힌 업무 방식이 아니라는 뜻이다. 계획을 세우는 것은 더 나은 삶을 위한 하나의 방법인 것이다.

디테일한 계획 속에는 여유로운 휴식시간도 포함되어야 한다. 우리는 종종 휴식의 중요성을 잊을 때가 있다. 휴식과 여유는 더욱 효율적이고 풍요로운 삶을 위해 꼭 필요하다. 충전을 통해 에너지를 얻고 새로운 아이디어를 얻기도 한다.

계획을 세우는 일은 시간을 주도적으로 사용한다는 느낌을 주고 동시에 밀도 있게 살아간다는 기분을 느끼게 해준다. 그리고 놀랍게도 점점 더 많은 욕심을 내게 만든다.

나에게 맞는 계획을 디테일하고 체계적으로 짜는 루틴은 나의 능력을 최대치로 끌어올리고 활용할 수 있게 하는 자기계발의 시작이라고 할 수 있다.

최지희의 SPIRIT :

긍정적인 마인드가 두려움을 이긴다

사업을 하다 보면 항상 오르막길만 있는 것은 아니다. 오르 락 내리락을 반복한다. 늘상 우상향 곡선을 그리면 얼마나 좋을까 싶지만 그럴 수는 없다. 나는 종종 "어떻게 그렇게 멘 탈이 튼튼해요?"라는 질문을 받는다. 웬만한 어려움에도 흔 들리지 않고 항상 웃는 얼굴로 문제를 해결하려고 노력하는 모습을 본 사람들이 그렇게 묻는다. 그렇다. 나는 부정적인 감정에 동요되지 않고 항상 긍정적인 면을 바라보려고 노력 한다. 그리고 어떤 문제에 부딪히든 힘들어하고 불안해하기 보다는 어디에 원인이 있을까 고민하고 해결책을 찾는 데 몰두한다.

이런 긍정적인 마인드는 저절로 생기지 않는다. 사람은 누구나 변화를 싫어하고 실패를 피하려는 성향이 있다. 그래 서 어떤 일을 시도했을 때 성공할 가능성과 실패할 가능성 이 반반이라고 한다면 실패할 가능성을 먼저 생각하고 시도

하려 하지 않는다. 우리는 변화를 두려워한다. 무엇을 하려고 하면 선뜻 행동에 옮기기 쉽지 않다. 실패할 수도 있다고 생각하기 때문이다. 하지만 그렇다고 해서 현재 상황이 만족스러운 것도 아니다.

현재 상황을 그대로 유지하려는 이 같은 경향을 심리학에서는 '현상 유지 편향'이라고 한다. '손실 회피성'으로부터 도출된 또 하나의 심리다.

이러한 '현실 안주'는 긍정적인 마인드를 갉아먹는 결과를 만들기도 한다. 어차피 안 될 거였다면서 변화를 시도하지 않은 스스로를 위로한다든지, 변화에 성공한 사람은 특별한 사람이라고 생각하는 것이다. 그런 생각은 자존감을 점점 떨어뜨리고 현실에 안주하는 스스로를 정당화한다.

현실에 안주하는 사람들은 루틴을 만들어서 일상을 변화시키는 것 역시 쉽지 않다. 루틴을 통해서 얻는 이득보다 루틴이 일상에 들어오면서 잃어버릴 손실을 더 크게 생각하기 때문이다. 결국 자신의 삶을 긍정적인 방향으로 변화시키기 위해서는 현실에 안주하려는 습성을 버려야 한다. 내가 변화함으로써 얻을 수 있는 긍정적인 영향을 손실보다 더 크게 바라볼 줄 아는 자세가 필요하다.

뇌과학자들에 따르면, 이런 긍정적인 생각을 하는 습성도 꾸준히 노력하면 만들 수 있다고 한다. 신경과학에는 '신경가소성'이라는 개념이 있는데, 뇌의 신경회로가 외부의 자극과 경험, 학습에 따라 구조 및 기능이 변화하거나 재조직화되는 현상을 말한다. 학습과 경험을 반복하면 뇌구조가 변한다는 논리다. 뇌세포도 근육세포처럼 사용하면 할수록 강화되고, 사용빈도가 줄어들면 뇌세포 역시 밀도가 줄어든다고 한다.

연습을 통해 긍정적인 마인드가 자리 잡으면 힘든 상황에서도 절망하거나 불안함을 느끼지 않을 수 있다. 부정적인 감정에 에너지를 소모하지 않게 되니 남은 에너지를 문제를 해결하는 데 사용할 수 있다.

긍정적인 마인드는 그저 즐거운 삶을 살아가는 데 필요한 양념 정도가 아니라 살아가면서 부딪힐 수 있는 문제 상황을 더욱 차분하게 풀어나갈 수 있는 강력한 무기가 된다. 긍정 마인드가 루틴이 될 수 있도록 사고회로를 긍정적인 방향으로 돌리는 일, 꾸준한 연습을 통해 내 것으로 만들 수 있다.

◈ 산책하면서 명상하는 루틴 ◈

'산책'과 '명상'은 무척 잘 어울리는 조합이다. 걷는 행위에 집중하는 명상은 마음과 머리를 비우고, 그 빈 공간에 다시 깨끗한 에너지로 채울 수 있게 돕는다. 산책하는 동안 그저 '걷는 것'에 집중하는 루틴을 실행해보자.

1. 발이 땅에 닿을 때, 다른 발을 지면 위에서 뗄 때, 땅에 다시 내려놓을 때를 의식적으로 생각한다.

2. 산책하는 동안 걷는 것이 아닌, 다른 생각에 몰두하는 것 같으면 침착하게 생각을 버리고, 다시 걷는 것에 집중한다.

3. 발은 쳐다보지 않는다. 주위를 두리번거리지도 않는다.

4. 어느 정도 익숙해지면 그 집중력을 신체의 다른 부분으로 확장시켜본다. 마치 우주에서 나 혼자 걷고 있는 것 같은 기분을 느껴본다.

2장.
역량(TALENT) 루틴

성공한 사람들이 능력을
최고치로 끌어올리는 비결

TALENT ROUTINE

소설가 무라카미 하루키의 BTS
일정한 일을
매일 꾸준히 하라

매해 강력한 노벨문학상 후보로 언급되는 일본의 소설가 무라카미 하루키村上春樹는 일본을 넘어 전 세계적으로 큰 사랑을 받고 있는 소설가 중 한 명이다. 20대 시절에 수년간 재즈 카페를 운영했는데, 그러다가 문득 소설이 쓰고 싶어졌고, 그날로 원고지와 만년필 구입해서 소설을 쓰기 시작했

다. 1979년에 소설《바람의 노래를 들어라風の歌を聴け》로 군조 신인 문학상을 받으면서 등단했다. 1987년 발간된《노르웨이의 숲ノルウェイの森》이 430만 부 이상 팔리는 베스트셀러가 되면서 단번에 스타 작가로 부상한다. 단편 소설, 장편 소설을 포함하여 에세이, 논픽션 집필은 물론이고, 영미 문학 번역가로도 활동한다. 2015년에는 〈타임〉이 선정한 '세계에서 가장 영향력 있는 인물 100인 Icon' 부문에 선정되기도 했다.

성공한 사람들의 세 가지 루틴

무라카미 하루키의 **B** BODY :

1시간 달리기로 소설 쓰기의 동력을 얻다

무라카미 하루키의 정체성은 너무도 명확하게 '작가'다. 그러나 그 정체성에 못지않게 그는 스스로를 '러너runner'라고 규정한다. 그는 자신의 묘비명을 선택할 수 있다면 다음과 같이 써넣고 싶다고 말한다.

> 무라카미 하루키
> 작가 그리고 러너
> 1949~20XX
> 적어도 끝까지 걷지는 않았다
> ─《달리기를 말할 때 내가 하고 싶은 이야기》, 문학사상, 259쪽

그는 '쓰는 사람'인 동시에 '달리는 사람'이다. 달리기는 하루키의 일상을 지탱하는 커다란 기둥 중 하나다.

하루키는 오전에 집중적으로 집필하고 오후에 1시간 정

도 달리기(혹은 수영)를 한다. 1982년에 달리기를 시작한 이후 거의 매일같이 달리고 있다. 보스턴 마라톤 등 각종 대회에 참가하여 풀코스를 수십 번 완주했으며, 11시간을 넘게 달려 100km 울트라 마라톤을 완주하기도 했다. 수영과 사이클도 꾸준히 즐겨 철인 삼종 경기에 참가한 이력도 있다.

마라톤 마니아, 달리기 마니아라곤 하지만 그가 어려서부터 달리기를 즐긴 것은 아니다. 하루키가 달리기를 시작한 것은 30대에 들어서면서부터였다. 낮에는 재즈 카페를 운영하고 밤에는 소설을 쓰는 시기를 거치면서 건강을 유지하는 방법으로 달리기를 선택한 것이다. 그가 본격적으로 매일 달리기 시작한 것은 운영하던 재즈 카페를 정리하고 전업 소설가로 살아가기로 결심했던 즈음의 일이었다. 하루키의 달리기 루틴이 시작된 것이다.

어떻게 보면 필요에 의해서 시작한 달리기였지만, 달리기는 그의 삶에서 아주 중요한 일상이자, 매일의 루틴이자, 소설가로서의 경쟁력이 되었다. 그는 달리기를 통해 떨어진 체력을 보완하고, 신체를 강화하며, 건강을 유지할 수 있었다. 그는 달리기가 본인에게 맞는 운동이기에 꾸준히 할 수 있었다고 말한다. 경쟁형 스포츠보다 혼자서 할 수 있는 장거리 레이스가 본인의 천성과 잘 맞았다는 것이다.

하루키는 달리기 싫은 마음이 드는 날에도 어떻게든 마음을 다잡아 밖으로 향한다. 출퇴근의 압박과 지루한 회의를 반복하는 직장인의 일상을 떠올리며 '이 정도라도 하지 않으면 안 된다'는 마음으로 매일매일 달린다. 달릴 때는 주로 록 음악을 듣는다.

하루키는 달리기가 체력과 신체건강뿐만 아니라, 정신적인 측면에서도 큰 도움이 된다고 말한다. 그에게 달리기는 내적인 침묵을 유지하는 시간이다. 그는 1시간 가까이 달리면서 거의 아무것도 생각하지 않는다. 하루키는 이것이 본인의 정신 위생에 중요한 의미를 지닌 작업이라고 말한다. 그의 표현에 의하면 "공백을 획득하기 위해" 달리는 것이다.

주목할 만한 것은, 그의 달리기 루틴은 글쓰기 루틴과 별개가 아니라는 점이다. 소설 쓰기의 많은 부분을 달리면서 배웠다고 그는 말한다. '얼마만큼 자신을 몰아붙일 것인가?' '적당한 휴식과 지나친 휴식의 경계는 어디인가?' '얼마만큼 자신을 확신하거나, 혹은 얼마만큼 자신을 의심해야 하는가?'와 같은 문제를 육체적으로 배우면서, 이를 자연스럽게 소설 쓰는 데 적용했다. 꾸준한 달리기가 꾸준한 글쓰기에 도움을 준 것이다.

장거리 달리기를 시작하지 않았다면 자신의 작품이 지금과 같지 않았을 거라고 말하는 하루키는 소설 쓰기는 육체노동과 다름없다는 생각으로 매일 달렸고, 결국 매일 글을 쓸 수 있는 체력과 동력을 얻었다.

40년 넘게 하나의 일을 지속하는 것은 쉬운 일이 아니다. 모든 일이 그렇지만, 누가 시키지도 않은 소설을 쓰는 일은 더욱 그렇다. 하루키가 꾸준한 작품 활동을 이어갈 수 있는 데에 달리기는 분명 큰 역할을 했다. 달리기 루틴은 그의 일생에 있어 가장 중요한 메타포다.

성공한 사람들의 세 가지 루틴

영감에 의존하지 않는다

작가로서 하루키가 하루 중 가장 많은 시간을 할애하는 루틴은 당연히 글쓰기다. 어떻게 보면 소설가로서 아주 당연한 일 같지만, 전업 작가들에게도 매일매일 글을 쓰는 게 쉬운 일은 아니다.

하루키는 매일 오전 4시에 일어나서 4~5시간의 글쓰기 루틴을 정확하게 지키기로 유명하다. 그가 오전 시간을 할애하는 이유는 비교적 맑은 정신으로 집중하기 위해서다. 오전 집필이 끝나면 대부분의 오후 시간은 운동과 휴식으로 채운다. 이 루틴이 매일 반복된다.

장편소설을 쓸 때는 매일 200자 원고지 20매를 채우는 것을 규칙으로 삼는다. 하루 목표를 달성하면 더 쓰고 싶어도 거기에서 멈춘다. 잘 안 써지는 날에도 어떻게든 20매를 채운다. 장기 프로젝트에서는 '규칙성'이 중요하다고 믿기 때문이다. 무슨 일이 있든 매일 써야 하는 작가라는 자신의 정체성을 직시하고, 길고 꾸준하게 갈 수 있는 방법으로 매일 원고지 20매 쓰기 루틴을 지키고 있는 것이다. 그렇게 쓰면 한 달에 600매의 글을 쓸 수 있다. 6개월이면 3,600매가 된다. 참고로 《해변의 카프카》 초고가 3,600매였다고 한다.

'매일 원고지 20매 쓰기 루틴'은 삶에 규칙성을 준다는 것 외에도 또 다른 장점이 있다. 더 쓰고 싶을 때 20매에서 멈추면 다음 날 더 힘을 내서 쓸 수 있다. 영감이 떠오르지 않을 때 억지로 20매를 채우면 다음 날 고칠 게 많아서 좋다. 하루키의 루틴은 항상 다음 날을 염두에 두고 있다. 다음 날을 위한 그의 루틴은 40년 넘게 이어지고 있다.

이러한 글쓰기 루틴은 영감과는 관계가 없다. 물론 영감을 받아 글이 술술 써지는 날도 있을 테지만, 그는 영감 같은 것에 연연하지 않는다. 그러니까 쓸거리가 있어서 자리에 앉는 것이 아니라, 일단 앉아서 쓸거리를 생각하는 것이다. 쓸 것이 없어도 앉아서 뭐라도 써보는 것이다.

하루키는 영감이나 재능에 대해 자주 이야기하지 않는다. 그런 것이 중요하지 않다는 것이 아니라, 후천적으로 얻을 수 있는 것들에 대한 믿음으로 하루하루를 살아가기 때문이다.

하루키의 글쓰기 루틴의 핵심은 '지속성'이다. 무리하지 않는다는 것일 수도 있다. 앞으로 다가올 알 수 없는 일을 대비하기 위해 능력이나 체력을 남겨두는 삶이다. '무리하지 않는 삶'은 하루키가 꾸준히 작품 활동을 하는 근간이기도 하다.

휴식으로 삶의 일정한 리듬을 유지하다

하루키는 작가이기에 당연히 매일매일 조금씩 쓰는 루틴을 가질 만하다. 또한 그가 러너라는 사실도 작가라는 사실 못지않게 유명하다. 따라서 하루키가 달리기 루틴과 글쓰기 루틴을 가졌다는 사실은 어렵지 않게 받아들일 수 있다.

그러나 그의 세 번째 루틴을 찾는 데는 어려움이 있었다. 그가 명상을 한다는 기록을 찾을 수도 없었고, 종교적인 믿음에 대한 자료는 더욱 볼 수 없었다. 주로 채식 위주의 식사를 한다는 기록이 있었지만, 그것을 정신적인 루틴으로 보기에는 애매한 지점이 있었다.

그의 하루는 딱 세 가지로 요약된다. 집필, 운동, 휴식. 처음에는 '휴식'이라는 키워드에 주목하지 못했다. 쉬는 일이 루틴이 될 수 없다고 생각했기 때문이다. 그러나 그의 오전 집필(4~5시간의 글쓰기 루틴)과 오후 운동(1시간의 달리기 루틴) 이후의 시간은 흘려보내는 시간이 아니었다. 그것은 내

일을 위한 적극적인 휴식에 가까웠다.

하루키는 휴식을 하며 책을 읽거나 음악 감상을 한다. 잡무를 처리하거나 에세이를 쓸 때도 있다. 그리고 저녁 9시에 잠자리에 든다. 휴식 시간은 그에게 다음 날 다시 일상을 살아갈 힘을 준다. 책과 음악을 통해 작품에 대한 영감을 얻기도 할 것이다.

하루키는 소설가의 자질로 첫째 재능, 둘째 집중력, 셋째 지속력을 꼽는다. 재능은 중요하지만 대개 타고나는 것에 가깝다는 것이 그의 지론이다. 반면에 집중력과 지속력은 연습을 통해 키워갈 수 있다고 말한다.

그의 적극적인 휴식 루틴은 다음 날의 집중력과 지속력을 위한 것이다. 스스로 문학적 재능은 많지 않다고 말하는 그에게 휴식은 그가 계속 글을 쓰도록 하는 중요한 루틴인 것이다. 그는 종종 낮잠도 즐긴다. 30분 정도 자고 나면 자동으로 눈이 떠지는데, 몸의 나른함이 사라져 좋다고 한다.

우리는 휴식의 중요성을 쉽게 간과한다. 그러나 쉬지 않고 지속될 수 있는 것은 없다. 우리 삶에 있어 '지속성'과 '지속가능성'을 생각해본다면 휴식은 반드시 존재해야 한다. 휴식은 일의 효율성은 물론이고 생산성에도 큰 영향을 미친다.

오전에 집중해서 일하고, 해가 지면 일하지 않고 일찍 잠자리에 드는 하루키의 휴식 루틴은 '계속하는 것'과 '리듬'을 중시하는 그의 삶에 중요한 루틴임에 틀림 없다. 그의 휴식은 단순한 쉼이 아니라, 내일을 위한 준비의 시간인 셈이다.

◈ 꾸준함도 루틴이다 ◈

무라카미 하루키는 이렇게 말했다.

"나는 천재가 아니라서 재능보다 규칙과 단련을 믿는다."

이 말은 우리가 루틴을 가져야 하는 이유를 대변해주는 것이기도 하다. 우리 모두가 천재일 수는 없다. 천재는 지극히 소수에 불과하다. 하지만 천재가 아니라서 성공하지 못할 이유는 없다. 천부적인 재능을 가졌더라도, 천부적인 재능이 없더라도 그것보다 더 중요한 것은 꾸준함이기 때문이다. 《하루 1% 15분 꾸준함의 힘》을 쓴 필자 노승일은 이 꾸준함을 루틴화하면 누구든 자신이 원하는 것을 얻을 수 있다고 말한다.

1. 체력을 키운다.
2. 가볍게 시작한다.
3. 자책하지 않는다.
4. 완벽하려고 하지 않는다.
5. 자신을 믿는다.

이 루틴을 실행하면 '작심삼일'의 굴레에서 벗어날 수 있다. 아무리 훌륭한 계획이라도 지속성을 가지고 꾸준히 실행하지 않으면 아무런 의미가 없다. 게으른 천재보다 부지런한 둔재가 낫다는 말은 괜한 말이 아니다.

아마존 창업자 제프 베이조스의 🅑🅣🅢
휴식은 게으름이 아니라
창의적인 충전의 시간이다

제프 베이조스^{Jeff Bezos}는 전 세계 최대 전자상거래 기업 아마존^{Amazon}의 창업자이자 초대 CEO이며, 현재는 아마존의 이사회 의장을 맡고 있다. 2013년에는 미국의 3대 신문사 중 하나인 〈워싱턴포스트^{The Washington Post}〉를 인수하여 디지털 기업으로 변화시키고 있으며, 2000년에는 우주로 가는 꿈

성공한 사람들의 세 가지 루틴

을 이루기 위해 민간 우주개발업체 블루 오리진^{Blue Origin}을 설립했다. 실제로 그는 2021년 7월 20일 블루 오리진 우주 캡슐을 타고 우주 비행에 성공했다.

제프 베이조스는 2022년 기준, 전 세계 부자 순위 3위를 기록하고 있다. 그의 재산은 무려 1,672억 달러(한화 약 217조)가 넘는다. 권위적인 기업 문화와 철저한 실적 중심으로 운영되는 아마존 기업에 대해서는 명암이 갈리지만, 세계에서 가장 부유하고 가장 유명하며 가장 유능한 사람 중 하나임에는 분명하다.

제프 베이조스가 이렇게 전 세계에서 가장 성공한 사람 중 한 명이 될 수 있었던 데는 그만의 루틴이 존재하기에 가능했다. 물론 아무도 상상하지 못하는 독특한 루틴은 아니다. 하지만 사람들이 제프 베이조스를 떠올렸을 때 예상할 만한 루틴 또한 아니다. 그는 하루에 무려 8시간을 자고, 아침 식사를 반드시 챙기고, 저녁 설거지를 하며 하루 동안 있었던 일에 대해 생각을 정리한다. 어떻게 보면 지극히 평범하고, 어떻게 보면 느긋해 보이는 루틴이다. 한마디로 정리하면 일과 휴식을 철저하게 분리하는 루틴이다.

제프 베이조스의  BODY :
충분히 쉬어야 제대로 일한다

세상에서 제일 바쁠 것 같은 제프 베이조스는 의외로 매우 단순한 하루 루틴을 갖고 있다.

> **오전 8시**: 기상
> **오전 9시**: 가족과 아침 식사
> **오전 10시**: 중요 미팅
> **오후 12시**: 점심 식사
> **오후 1시**: 일반 미팅
> **오후 5시**: 업무
> **오후 8시**: 저녁 식사
> **오후 9시**: 휴식
> **오후 12시**: 취침

무척 단순한 하루 일과표 중에 눈에 띄는 것은 12시에 잠자리에 들고 8시에 일어나는 취침 시간이다. 물론 지금은 경영 전선에서 물러났지만, 아마존이라는 거대 기업을 이끌었던 CEO라고 믿기 어려운 넘치는 수면 시간이다.

"좋은 잠이 쌓인다. 좋은 나를 만든다"라는 한 침대 회사의 광고 카피처럼 잠을 잘 자는 것은 단순히 쉬는 것이 아니라, 다음 날 일의 효율을 최고치로 끌어올리기 위한 재충전의 시간이라고 할 수 있다. 충분한 수면을 취해야 집중력과 기억력이 향상될 뿐만 아니라, 비만, 당뇨, 고혈압, 심장질환을 예방하는 등 건강에도 긍정적인 효과를 미친다.

제프 베이조스가 8시간 숙면을 취한 후 중요 미팅을 오전 10시에 잡아놓은 이유는 전체 업무 시간 중 오전이 가장 높은 집중력을 발휘할 수 있기 때문이다. 또한 아무리 급한 업무상 결정 사항이 있어도 오후 5시 이후에는 미팅을 잡지 않고 다음 날 오전 10시에 다시 진행함으로써 그 이슈에 대해 고민해볼 수 있는 시간을 충분히 확보하는 것도 인상적이다. 제프 베이조스는 실제로 '이코노믹 클럽The Economic club' 포럼에서 이렇게 말했다.

"오후 5시 정도가 되면 나의 뇌는 지칠 대로 지쳐서 현명한 결정을 내리지 못할 가능성이 크다. 순간 잘못된 결정을 내리는 것보다 미루는 것이 낫다. 내가 하루 8시간 꼭 잠을 자는 이유도 최상의 컨디션을 유지해서 올바른 결정을 하기 위함이다. 회사의 리더로서 조직을 성공시키고 싶다면 잠자는 시간을 줄이지 말라."

제프 베이조스의  TALENT :

재능에게 휴식을 주어라

'잘 쉬는 것'을 루틴의 중심에 두고 움직이는 제프 베이조스는 창작자에게 '잉여의 시간'이란 무엇인가에 대해 생각하게 한다. 창의적인 일을 하는 사람들에게는 '일하는 시간=고효율'의 공식이 적용되지 않는다. 이들에게는 새로운 생각을 모으고 고민하고 정리하기 위해 필요한 임계점이 바로 '휴식'이다. 마감이 얼마 남지 않았는데 청소나 게임을 하거나 잠을 자는 등의 행동이 바로 그것이다. 남들이 볼 때는 도저히 이해할 수 없을 것이다. 저럴 시간에 차라리 일을 하는 게 더 효율적이고 능률적으로 보일지도 모른다. 일반인들에게는 그런 충분한 휴식과 여유가 게을러 보일 수 있지만, 이는 대책없이 쉬는 게 아니다. 창작자는 끊임없이 미래의 작업물에 대해 여러 각도에서 생각하고 정리하고 다져나간다. 따라서 '잘 쉬는 것'이 곧 '잘 일하는 것'이다.

제프 베이조스의 신체 루틴은 '충분한 휴식'을 위한 루틴이라고 할 수 있는데, 그가 이런 루틴을 고수하는 이유는 여유 있고 느긋한 성격이어서가 아니다. "회사에서 중요한 결정을 내려야 하는 위치에 있는 사람일수록 서둘러서 결정하지 말아야 하고, 양으로만 승부하려 해서도 안 된다. 휴식을 충분히 취하고 재충전을 해야 보다 나은 결정을 하고, 그래야 보다 나은 결과를 이끈다"고 믿기 때문이다.

제프 베이조스는 설거지를 즐겨 하는 것으로도 유명한데, 그는 설거지를 하면 평소 일하면서 사용하지 않는 두뇌의 다른 부분이 사용되어 생각을 정리하는 공간을 만들어주고, 이는 기업을 운영하는 데 필요한 혁신적인 생각을 하는데 큰 도움이 된다고 설명한다.

"그동안의 성공을 돌아보면 직감으로 내린 결정이 아주 좋은 결과를 내곤 했다. 유료 구독 서비스인 아마존 프라임처럼 회사의 파이낸스 부서에서는 수익 예상 보고서를 보고 진행을 반대했지만, 나는 분명 좋은 결과를 낼 것이라고 직감으로 믿었고, 이는 적중했다. 이런 성공적인 결정과 확신은 책상에만 앉아 있는 시간이 아닌, 쉼을 통해 부단히 빈둥거렸던 부분들과 맞닿아 있다."

창의적인 아이디어가 무엇보다 중요한 IT 기업에서 사무실을 놀이터처럼 꾸미고 직원들에게 충분한 휴가와 빈둥거릴 시간을 제공하는 이유도 여기에 있다. 제프 베이조스의 창조성과 선두적인 아이디어의 비결은 재능에게 휴식을 주는 데 있다고 해도 틀린 말이 아니다.

제프 베이조스의  SPIRIT :
엉뚱하고 무모하더라도 구체적으로 상상하라

제프 베이조스는 단기 계획보다는 3년 후 미래를 염두에 두고 계획을 세우는 것으로 알려져 있다. 단기 계획이나 업무는 다른 동료에게 위임하고 자신은 향후 미래의 로드맵을 구상한다. 2019년 연례 주주총회에서 그는 이렇게 말했다.

"내가 이룬 올해의 업적에 대해 누군가 찬사를 보낸다면 그것은 즉흥적으로 생각한 것들이 아니라, 내가 이미 3년 또는 그 전에 구상하고 계획했던 것들이 현재에 실현된 것들이다. 리더라면 장기적인 사고를 해야 하고, 상상하고 준비하면서 불확실한 미래를 준비해야 한다. 내가 우주여행을 준비하는 이유다."

도서관에서 공상과학 소설을 읽는 게 취미였던 제프 베이조스는 다섯 살 때 아폴로 11호가 달에 착륙하는 장면을

성공한 사람들의 세 가지 루틴

보면서 우주여행에 대한 꿈을 키웠고, 고등학교 졸업식 연설에서는 친구들에게 우주에서 만나자고 말했을 정도로 오래 전부터 우주여행에 대한 비전을 그려왔다. 2000년에 블루 오리진을 설립해 자체 로켓 및 우주선을 개발한 것도 이미 이때부터 시작된 계획이었던 것이다.

그리고 마침내 제프 베이조스는 블루 오리진이 개발한 우주로켓 '뉴셰퍼드'를 타고 2021년 7월 20일 우주여행에 성공한다. 그리고 이제 그는 달 착륙을 꿈꾸고 있다. 어린 제프 베이조스가 우주여행을 꿈꾸었을 때, 누군가는 무모하고 엉뚱하다고 말했을지 모른다. 하지만 그는 누구보다도 진지하게 자신의 꿈을 구체화했고, 마침내 그 꿈을 실현했다. 구체적으로 상상하고 디테일하게 꿈꾸는 것, 그것이 제프 베이조스 성공의 이유다.

◈ 제대로 쉬는 법 ◈

우리는 '쉬고 싶다'를 되뇌이면서도 막상 휴식이 주어지면 어떻게 쉬어야 할지 몰라 허둥댄다. 하루 종일 멍하니 TV를 보거나 잠을 자려고 애쓰지만 오히려 피곤함만 쌓인다. 왜 우리는 제대로 쉬지 못하는 걸까? 자신에게 맞는 휴식법을 모르기 때문이다. 일을 하지 않는 것이 휴식은 아니다. 모든 사람에게 적합한 휴식 루틴을 소개한다.

1. 명상을 한다
명상은 까다롭지 않으면서도 가장 효과적인 휴식법이다. 편안히 누워 손바닥이 하늘을 보도록 뻗고, 천천히 코로 호흡을 들이쉬고 내쉬면서 호흡의 흐름에 집중한다. 떠오르는 생각을 비우고 자신의 호흡에만 집중하는 것이 중요하다.

2. 운동을 한다
피곤할 때는 잠을 충분히 자는 게 좋다. 하지만 정신적으로 피곤할 때는 30분 정도의 가벼운 운동이나 산책이 좋다. 그래야 흥분한 대뇌피질을 쉬게 할 수 있다. 스트레칭도 도움이 된다.

3. 스마트폰과 TV를 끈다
쉴 때는 휴대전화의 모든 알림을 꺼놓는다. TV와 라디오도 마찬가지다. 시각과 청각을 자극하는 소리와 화면을 차단해야 비로소 뇌는 편안한 휴식을 취할 수 있다. 조용한 곳에서 충분히 휴식을 취하면 집중력과 창의력도 높아진다.

동양철학자 김용옥의 BTS
자유롭게, 하지만 치열하게
읽고 쓰고 탐구한다

도올 김용옥은 동양철학자이자 프로 저술가다. 그 외에도 그의 직업은 다양하다. 문화예술 평론가, 한의사, 전직 언론사(〈중앙일보〉) 기자, 전직 고려대학교 교수, 고전학자, 사상가 등 일일이 나열하기도 벅차다. 본인의 말에 의하면 "무조건 되는 대로 건드리지는 않았고, 공부의 일환으로서 각 분야에 직접 참여해서 경험하고 싶"어서 도전한 일이었다고 한다.

신학자로서 권위 있는 성서주석서를 많이 저술하기도 했으며, 영화나 연극, 국악 방면으로도 많은 작품을 창작한 다재다능한 인물이다. 쓴 책으로는《우린 너무 몰랐다》《스무살, 반야심경에 미치다》《도올의 마가복음 강해》《노자가 옳았다》등이 있다.

철봉과 평행봉으로 지력을 뒷받침하다

1948년생, 한국 나이로 75세인 도올은 최근 자신의 유튜브 〈도올TV〉에서 상의를 탈의하고 맨몸을 드러낸 적이 있는데, 75세라고는 도저히 믿기지 않는 탄탄하고 균형 잡힌 근육으로 많은 사람들의 탄성을 자아낼 정도였다. 건강한 신체야말로 공부와 수련을 하기 위한 가장 핵심적이고 중요한 요소라는 걸 몸소 보여준 셈이다.

하지만 그는 어렸을 때부터 병약한 소년이었다. 4남 2녀 중 막내였던 도올은 어머니가 오랜 병을 앓다 38세 무렵에야 어렵게 본 늦둥이 막내였다. 당시 기준으로는 엄청난 노산에 난산까지 겹쳐 겸자를 써서 겨우 끄집어냈다고 한다. 조금은 특이한 그의 눈매도 '노산 탓'이라는 것이 집안사람들의 중론이다.

첫 대학 입시 때 서울대학교 농경제학과에 응시했지만 낙방하고, 고려대 생물학과에 2차로 합격했다. 그런데 입학하고 얼마 후 악성 관절염이 찾아온다. 중고생 때 운동을 과하게 했던 게 원인이었다. 이로 인해 거의 폐인이 되다시피 했고 군대도 면제되었다. 학교까지 휴학한 그는 고향집에 내려와 1년 반을 방에서 꼼짝없이 누워 지내야 했다. 그리고 그해 가을, 그에게 깨달음이 찾아온다.

"나의 사상 발전 과정에 가장 중요했던 사실은 독서를 통해 플라톤이나 예수의 이름을 알게 되었다는 사실이 아니라, 내 몸의 발견이었다."

어렸을 적 오랜 투병생활의 기억으로 평생 몸 관리를 하게 된 그는 단지 건강을 위해서만이 아니라, 그것이 프로 저술가의 기본이라고 설명한다.

그는 75세의 나이에도 평행봉에 올라가 부담 없이 여러 차례 스윙을 해 보이고, 심지어 나이가 무색하게 평행봉에서 거꾸로 물구나무를 서기도 한다. 글을 쓰다가도 하루에 몇 번씩 마당에 설치해놓은 평행봉과 철봉으로 운동을 한다. 그게 도올만의 몸 관리법이다.

사실 그에게는 특별한 신체 루틴이 없다. 비싼 스포츠도

성공한 사람들의 세 가지 루틴

김용옥은 평행봉과 철봉으로 신체를 단련하여 프로 저술가에게 필요한 체력을 기른다.
출처 도올TV

즐기지 않는다. 평행봉과 철봉은 프로 저술가로서 항상 자기 몸을 단련하는 도올의 투철한 직업관을 보여주는 하나의 상징물이다.

가장 근본적이고 근원적인 것을 공부한다

한국에서 프로 저술가라고 부를 만한 사람은 생각보다 많지 않다. 그중에 확실한 프로 저술가를 꼽으라면 아마 많은 사람들이 도올 김용옥을 꼽을 것이다. 그는 다른 프로 저술가들보다 훨씬 일찍 이 길에 들어서 일생을 걸었다. 하지만 학창시절 도올은 공부에 전념하는 성실한 학생이 아니었다.

"주변의 과외 멤버들은 모두 나보다 훨씬 똑똑했다. 그들은 선생님의 말씀을 나보다 쉽고 명료하게 알아들었다. 그런데 나는 선생님의 말씀을 잘 이해하지 못했다. 나는 정말 공부하는 것이 괴로웠다. 그러니 과외 책상에 앉기만 하면 졸음이 왔다. 그래서 소변 누러 간다고 하고 살그머니 빠져나와 윗채에 있는 우리 집 따끈따끈한 안방 비단이불로 쏘옥 들어가 새근새근 잠들어버리고 마는 것이 나의 일과였다."

그렇게 공부에 늦게 눈을 떴지만, 자신이 관심을 가진 분야에서만큼은 두각을 드러냈다. 1968년 고려대학교 철학과에 편입한 도올은 막 부임한 김충렬 박사(고려대학교 철학과 명예교수)의 노자 강의를 듣다가, 동양철학의 사유야말로 인류의 미래를 구원할 예지라 믿고 그 연구에 온 삶을 불사르기로 결심한다.

도올은 '무엇이든 원전^{original}이 되는 것으로부터 배운다'는 대원칙을 가지고 있다. 원서는 책의 원전이고, 한 분야에 통달한 최고수는 사람의 원전이다. 그는 그렇게 가장 근본적이라 할 수 있는 원전에 해당하는 것들을 직접 파헤치며 배운다.

"나는 어떤 분야가 알고 싶을 때, 그 분야의 전문가를 찾아가 많은 이야기를 듣는다. 이어 그가 소개하는 인사 몇 명을 만나 공부한 후 그들이 추천하는 서적을 원전으로 독파한다."

고려대학교 철학과 석사과정에 있던 1972년, 도올은 김충렬 박사의 소개로 그의 은사이자 동양철학의 대가인 국립대만대학교 방동미 교수의 제자가 된다. 그 분야 최고수라는 원전을 찾아 나선 것이다. 1974년 6월 대만대학교 철학 연구소에서 석사학위를 받은 그는 1975년에 일본 도쿄대학교 중국철학과 석사과정에 입학하여 또다시 학문 연구에 몰두한다. 역시 2년 만에 석사학위를 딴 도올은 곧바로 미국 하버드대학교 박사과정에 진학, 6년 후인 1982년 '왕부지王夫之의 철학'으로 박사학위를 취득한다. 역시나 그 분야 최고수들이라는 원전을 찾아 배우고 온 것이다. 금의환향한 도올은 곧 고려대학교 교수로 임용되었지만, 1986년 4월, '양심선언'을 발표하고 돌연 교수직을 그만두고, 교수 출신으로는 최초로 프로 지식인이 된다. 이후 30년 넘게 프로 저술가로 확실한 위치를 만들어왔다.

지금까지 모두 70여 권의 저서를 출간하고, 총 판매부수도 수백만 부를 넘긴 도올은 처음부터 끝까지 거의 한 번에 써내려가는 글쓰기로 유명하다. 그렇기 때문에 그의 글은 전체가 한 호흡으로 쭉 읽힌다. 글의 흡입력이 무척 강하다. 본격적으로 글을 쓰기 천까지 오랫동안 구상하는 것은 일반 저술가와 비슷하지만, 도올은 일단 쓰기 시작하면 일필휘지로 써내려간다. 그렇게 한 번 다 써놓고 나서 내용을 검토하며 구성을 보정한다.

그는 글 쓰는 데 모든 시간을 집중한다. 도올처럼 여기저기 부르는 곳이 많은 유명인에겐 일정 관리가 매우 중요한 문제일 것이다. 그래서 도올은 자신이 정말 중요한 역할을 하거나 주인공이 될 자리가 아니면 좀처럼 참석 요청에 응하지 않는다.

"저술 세계가 신이 되는 것, 원고를 쓰는 행위가 신에 대한 경배가 되는 것이 중요해요. 오로지 원고로만 프라이드를 세우는 거지. 궁극적으로 학자의 사명은 책을 쓰는 데 있지 강의를 하는 게 아니야. 그 시대에 결국 남는 것은 강의가 아니라 책이에요. 난 가만히 앉아서 책 쓸 때가 가장 행복하지, 강의를 할 때는 그만큼은 아니에요."

강의를 재미나게 하기로 소문난 학자의 입에서 나온 고백이라 의외다.

세상의 흐름에 예민하게 반응하는 도올은 2009년에 자신의 유튜브 〈도올TV〉를 개설하고, 2020년 말부터는 노자 연구의 최후의 집대성이 될 것이라는 노자 강의를 새로 촬영하고 있다. 나이와 세대에 얽매이지 않고 언제나 가장 첨단의 매체를 활용할 줄 아는 도올의 젊은 마인드가 대단하다.

그의 직업은 저술가이자 지식 전파자다. 그런 그가 지금도 끝없이 원전에 충실한 공부에 매진하고, 그것을 대중적으로 소개하고 이해시키는 데 사명을 다한다는 점은 존중받을만하다. 공부의 가장 근본을 찾아 파고들고 파헤치는 그의 지적 호기심과 명석함은 그의 재능을 빛나게 하는 루틴이다.

외모부터 감성까지 오직 자유롭게

도올은 '주목받는 삶'에 대한 집착을 보이는 듯하다. 도올의 한 지인은 그를 두고 "두 사람이 밥을 먹어도 자기가 중심이어야 직성이 풀리는 사람"이라고 말한다. 박박 깎은 머리, 검고 흰 중국 복식이나 두루마기, 화려한 목도리며 독특한 디자인의 모자들…. 외모에서부터 언행까지 그는 철저히 '주목받음'을 지향한다.

하지만 그의 삶 자체는 매우 단순하다. 도올이 스킨헤드 스타일을 고수하는 이유도 삶을 단순하게 유지하기 위해서다. 매일 아침 방을 쓸 때 방바닥에 머리카락이 굴러다니는 것이 싫어서라고 한다. 승려처럼 헤어스타일을 단순화시켜 공부에 집중하기 위해서이기도 하다.

삶은 단순하지만 정서는 풍요롭게 유지하려고 한다. 도올의 집필공간인 통나무출판사 1층 마루에는 피아노가 정면에 놓여 있다. 하루 종일 이성적 활동에만 집중하는 것을 피하기 위해 피아노 연주로 자신의 영적 밸런스를 맞추는 것이다. 피아노는 항상 새로운 것을 추구하는 그의 기질을 잘 보여주는 상징과 같다. 도올은 특히 재즈 피아노에 관심이 많다.

"클래식 같은 건 악보대로 주어진 시간에 정확하게 얼마나 잘 치고 얼마나 잘 해석하느냐가 문제지만 재즈는 달라. 재즈는 실수를 해도 두렵지 않으니까. 불협화음이 생겨도 그걸 화음으로 만들 수 있는 매커니즘이 많으니까 좋아하지."

재즈를 자유와의 소통이라고 말하는 그는 공자도 재즈의 달인이었고 싯다르타의 무아無我도 재즈라고 말한다. 재즈를 모르는 인간에겐 새로운 것이 없다고까지 말하는 그를 보고 있자면, 그의 지식 세계도 이렇듯 재즈적 정반합을 통해 최적화를 향해가는 여정이 아닐까 하는 생각이 든다.

방대한 지식의 세계를 대중에게 소개하는 일이란 엄청난 역량과 에너지가 필요한 일이다. 김용옥의 신체와 재능과 정신의 루틴은 이 일에 도움이 되고, 이 일을 보완할 수 있도록

성공한 사람들의 세 가지 루틴

짜여 있다고 해도 틀린 말이 아니다.

　75세에도 평행봉과 철봉으로 건강을 지키는 신체 루틴과, 무엇이든지 원전으로부터 배우려고 하는 재능 루틴, 삶을 단순하게 유지하며 정서적 유연성을 지키는 정신 루틴까지, 도올은 BTS의 균형을 잘 맞추면서 동시대를 살아가고 있는 지식인의 좋은 표본이다. 그가 평생 동안 지켜온 이 루틴이 바로 오늘날 대한민국 제1호 프로 지식인으로서의 위치를 공고히 해준 것은 아닐까?

◈ 공부를 잘하는 비결 ◈

김용옥은 원전을 찾아 공부하는 게 자신의 공부법이라 말한다. 사람마다 공부하는 스타일은 다르지만 누구에게나 적용되는 공부 잘하는 비결도 있다. 동양인 최초로 로마 바티칸 대법원의 변호사가 된 《라틴어 수업》《한동일의 공부법》의 저자 한동일은 공부 잘하는 비결에 대해 이렇게 말한다.

1. 안정적인 환경을 기다리지 않는다

공부할 상황이 아니고 집중할 분위기가 아니라며 공부를 미루는 사람들이 있다. 몸도 마음도 안정적이어야만 집중이 잘 된다는 생각은 오해이거나 핑계일수 있다. 공부하기 좋은 완벽한 상황은 좀처럼 찾아오지 않는다.

2. 공부에도 웜업이 필요하다

공부를 하겠다고 생각해도 머리가 바로 공부 모드로 바뀌지는 않는다. 그래서 본격적인 공부 전에 일정한 루틴을 가진 쉽고 뻔한 작업들을 반복한다. 공부와 연관이 없는 책을 읽는다든가 좋아하는 야구팀의 최근 성적을 기록한다든가 하는 일들 말이다. 그런 루틴을 실행하다 보면 뇌가 서서히 공부 모드로 변환된다.

3. 쉬운 선택과 합리화를 하지 않는다

졸릴 때 바로 자버리는 것, 어려운 문제가 나오면 다음에 풀어야겠다고 넘어가는 것, 완벽하게 이해되지 않았는데도 '이 정도면 됐다.' 하고 넘어가는 것 등이 쉬운 선택과 합리화다. 어렵고 힘든 것을 돌파하는 것이 공부다.

짐킴홀딩스 회장 김승호의 ⒷⓉⓈ
자산을 지키고 늘리는 정보를
매일 확보하라

짐킴홀딩스JIMKIM HOLDINGS의 김승호 회장은 1987년 대학 중퇴 후 미국으로 건너가 흑인 동네 식품점에서 일하기 시작한, 이민자 가정의 장남이다. 23세에 아버지와 함께 남대문 시장에서 베갯잇과 커튼 등을 가져와 파는 사업을 시작했지만, 미국 사람들이 침구 제품을 세트로 구매하는 걸 간과해 실패하고 만다. 그 뒤로 지역 신문사, 주식 선물 거래소, 한국 식품점, 컴퓨터 조립회사, 유기농 식품점 등의 사업을 시작했으나 연이어 실패한다. 그러다 슈퍼마켓 체인에 도시락을 납품하는 업체에 식당 체인을 분납 조건으로 인수한 후, 사업장을 쪼개 프랜차이즈 사업으로 키우기 시작하면서 8개월 만에 전액 빚을 상환한다. 바로 지금의 그를 있게 한 '스노우폭스'다. 스노우폭스는 손님이 기다릴 필요 없이 음식 만드는 과정을 직접 보면서 신선함이 보장된 도시락을 먹을 수 있다고 입소문이 나면서 유명해진다.

2008년 100개 매장을 돌파하더니 미국 전역에 1,000여 개로 확장되었고, 전 세계 11개국 3,878개 매장에 임직원 1만 명을 거느린 그룹사가 된다. 그의 회사는 지금 미국 나스닥 상장까지 앞두고 있고, 외식 기업 이외에 출판사, 화훼 유통업, 금융업, 부동산업 회사 또한 소유한 상태다. 거의 20여 년 가까이 실패를 거듭하면서도 포기하지 않고, 결국엔 세계적으로 성공한 사업가가 된 김승현 회장에게는 어떤 BTS 루틴이 있을까?

김승호의 **B** BODY :

공복 물 한잔으로 아침을 깨운다

김회장은 자신의 책《돈의 속성》에서 건강에 관한 네 가지 루틴을 이야기한다. 네 가지 습관을 익히면 부에 어울리는 사람이 되어 부가 빠져나가지 않고 항상 머물게 하는 효과가 있지만, 만약 그러한 습관과 태도를 익히지 못한 상태에서 돈을 벌면 오히려 돈이 사람을 해칠 수 있다고까지 이야기한다.

건강 루틴이자 그가 말하는 돈을 모으고 유지하게 하는 루틴은 첫째, 일어나자마자 기지개 켜기다. 본래 기지개는 기운을 팔다리 사지로 흐르게 해 온몸에 기운을 통하게 하고 기운의 길을 열어준다는 뜻이다. 김승현 회장은 기지개의 본래 뜻을 체험을 통해 터득하고 루틴으로 만들었다. 많은 현대인들이 아침 알람소리에 급하게 몸을 일으켜 욕실로 달려가곤 한다. 기지개로 하루를 시작하고 몸과 마음을 깨울 여유조차 갖지 못하는 경우가 많다. 별것 아닌 것 같은 기지

개가 하루의 시작을 어떻게 바꾸는지 직접 경험해보면 누구든 자신의 루틴으로 시작할 수 있을 것이다.

김승현 회장의 두 번째 건강 루틴은 자고 일어난 뒤 이부자리를 잘 정리하는 것이다. 정리정돈이 어떻게 우리의 정신세계와 삶에 영향을 미치는지에 대한 많은 연구 결과가 발표되면서 최근 정리의 중요성이 대두되고 있다. 그중 하루 시작의 첫 번째 정리정돈 습관인 이부자리 정리하기는 아침에 건강하게 눈을 떠 새로운 하루를 맞는 것이 얼마나 감사한 일인지 스스로에게 인지시키는 하나의 의식이기도 하다. 이것은 하루의 생산성과 높은 행복지수 등으로 연결된다는 것이 이미 연구를 통해 밝혀졌다.

김승현 회장의 세 번째 건강 루틴은 아침 공복에 물 한 잔 마시기다. 그는 하루를 시작하기 전 공복에 미지근한 물을 한 잔 마시고 시작한다. 그 일은 몸에 음식을 넣기 전 몸을 어르는 일이자, 수천 년 동안 전해내려온 건강을 위한 지혜라고 말한다. 실제로 아침 공복 물 한잔은 잠자는 동안 점도가 높아진 혈액을 묽게 해 심근경색, 뇌경색의 위험을 줄인다. 그리고 혈액과 림프액의 양을 늘려 노폐물 배출을 용이하게 해준다. 그 외에도 배변활동을 좋게 하거나 혈액순환

성공한 사람들의 세 가지 루틴

및 신진대사를 촉진하는 등 다양한 효과가 있다.

　김승현 회장의 네 번째 건강 루틴은 일정한 시간에 자고 일정한 시간에 일어나기다. 신체 생리학적으로도 우리는 생체시계를 가지고 있다. 해가 떠서 밝을 때 일어나 빛을 쬐고, 해가 져 어두울 때 잠자리에 드는 것이 건강을 유지하는 가장 자연스러운 리듬이다. 이러한 리듬에 이상이 생기면 만성피로, 불면증, 집중력 저하, 더 나아가 만성질환과 더 심각한 질병까지도 생긴다. 특히나 아침에 일어나 햇살 아래에서 30분 이상 산책하는 것은 몸과 마음을 깨우고 건강한 신체 리듬으로 하루를 시작하는 데 큰 도움이 된다.

　김승현 회장이 건강을 위해 매일매일 하고 있는 이 루틴은 매우 단순하고 손쉬운 행동이다. 우리가 일상적으로 하고 있는 일 가운데 하나이기도 하다. 하지만 너무나 일상적이어서 대수롭지 않게 여기거나 뒷전이 될 수 있는 일이기도 하다. 김승현 회장은 이토록 지극히 일상적인 소소한 일을 루틴화함으로써 건강을 챙기고 시간 또한 밀도 있게 쓴다. 루틴이란 이토록 작은 일상의 습관이다.

김승호의 TALENT :

전 세계 경제신문을 탐독한다

김승현 회장은 정보를 모으고 구분하고 이해하는 데 많은
시간을 보낸다. 그는 반년, 혹은 1년을 공부하지 않거나 무
심히 보내면 점점 투자 세계에서 밀려나고 판단이 흐려지면
서 순식간에 후퇴하거나 몰락할 수 있다고 말한다. 따라서
그는 꾸준히 정보를 수집하며 공부를 해왔고 지금도 여전히
공부하고 있다. 그가 자신의 재산을 지키기 위해 매일 아침
마다 하는 루틴 역시 정보를 수집하고 공부하는 일이다.

그는 일어나자마자 이메일을 체크한다. 이메일을 열어
업무상 필요한 답변을 하고, 스팸은 즉시 삭제하는 등 제로
상태로 만들고 하루를 시작한다. 이메일 체크는 빠른 일처리
를 위한 그만의 시스템이다.

두 번째 루틴은 전 세계 신문을 순례하는 것이다. 우리나
라를 비롯해 미국, 영국, 러시아, 일본, 중국, 중동, 프랑스, 독
일 등 그는 전 세계 신문을 통해 세계 동정을 파악한다. 그에

게 풍부한 정보를 제공하고, 사안을 해석하는 깊이 있는 관점을 제공하는 바탕이 되는 일이다.

세 번째 루틴은 경제 전문 사이트 순례다. 일반적인 투자 정보를 확인하기에 유용한 야후 파이낸스를 비롯해, 블룸버그, 미연방준비제도 이사회 사이트, 우리나라의 한경 컨센서스, 팍스넷, 네이버금융 등을 본다. 최소 2시간 정도가 걸리는 이 루틴을 마친 후 그는 잠시 모닝커피를 즐긴다.

그다음에 하는 네 번째 루틴은 부동산 매물가격을 알기 위해 미국 최대 상업용 부동산 매물 사이트(loopnet.com)를 둘러보고 관심 있는 도시 매물을 매일 확인하는 일이다. 그런 다음에야 비로소 취미 사이트를 본다.

이렇게 수집한 정보들은 반드시 인쇄해서 이름표를 붙인 뒤 파일로 정리해서 수시로 참고한다. 이런 정보들은 그의 투자 결정과 사업 방향 등을 결정하는 데 큰 자원이 된다. 큰 부를 이루고 나서도 그는 끊임없이 이 루틴을 이어가고 있다. 매일 아침 두세 시간 동안 전 세계의 정보를 수집해서 자신이 이루어온 것을 지켜내고 더 큰 성과를 창출하고자 하는 꾸준한 탐구력과 공부의 힘이 지금의 김승현을 만든 동력이자 앞으로의 김승현을 만들어나갈 에너지다.

 김승호의 **SPIRIT :**

100일간 100번씩 목표를 써라

김승호 회장은 스노우폭스 첫 매장을 열 때 미국 지도를 펼쳐놓고 자신이 매장을 열고 싶은 300여 군데의 장소에 점을 찍었다. 그리고 이메일 비밀번호도 '300개 매장에 주간 매출 100만 달러'로 바꾸어 놓고 의지를 다졌다. 목표를 계속 인지하고 있는 순간 행운이 보인다고 말하는 그는, 말의 힘과 생각의 힘을 확실히 알고 삶에서 실천을 통해 증명하는 사람이다. 그는 목표가 생길 때마다 100일간 매일 100번씩 목표를 직접 쓰는 '목표 100번 쓰기'를 해보라고 권한다.

지금의 아내를 만났을 때도 그녀와 결혼하고 싶다는 바람을 100번씩 종이에 썼다고 한다. 결혼해서 아이를 낳게 될 일을 상상하며 미래의 아이들에게까지 편지를 쓸 정도로 그는 언제나 목표를 생생하게 구체화했다. 물론 사업 도약을 목표로 둘 때마다 100번 쓰기 루틴은 계속되었고, 결과적으로 모두 이루었다. 그는 "100번 쓰기를 도중에 중단하면 그렇게 절박하지 않다는 것이다. 목표를 명확히 인지하면 주변에 변수가 생겼을 때 이를 쉽게 알아챌 수 있고, 목표를 명확히 한 사람만이 기회도 놓치지 않고 잡을 수 있는 것"이라고 말한다.

한때 시크릿 책이 붐을 일으키면서 말과 생각의 힘이 가진 창조력이 신비한 것으로 왜곡되던 때가 있었다. 마치 원하는 것을 실제로 생각하고 느끼면 행동하지 않아도 거저 이루어지는 마법처럼 여긴 것이다. 하지만 다행스럽게도 지금은 좀 더 바른 인식이 대중화되어 많은 사람들이 자신의 목표에 집중하고 자신이 집중한 것에 관심을 갖고 에너지를 쏟을수록 자신의 말과 행동이 그 목표를 향해 전진하게 됨을 알게 되었다. 목표에 맞는 대인관계, 언어, 행동, 아이디어들이 만나면서 결국 목표가 현실화되는 경험을 하게 되는 것이다.

우리는 매일매일 무언가에 집중하면서 살아간다. 알게 모르게 내가 집중한 것에 에너지를 증폭시켜 그것이 삶 안에 들어오도록 하고 있는 것이다. 즉 우리는 이것을 믿든, 믿지 않든 생각과 마음이 가진 창조력 안에서 살아가고 있다. 그러니 우리가 해야 할 일은 단 하나다. 나의 생각과 마음을 원하는 방향에 맞출 것인가, 원하지 않는 방향에 맞출 것인가.

　김승호 회장은 BTS 루틴을 통해 꿈을 이루고 그 꿈이 지속적으로 확장되도록 살아간다. 그의 일상을 보면 규칙성이 얼마나 중요한지 알 수 있다. 루틴이 중요한 이유다.

　성공한 사람들의 세 가지 루틴

◈ 누구나 부자가 되는 루틴 ◈

부자들은 어떻게 부자가 될 수 있었을까? 부자가 되는 이유는 다양하지만 부자들이 가지고 있는 공통적인 습관이 있다. 그 습관이 루틴이 되면 누구나 부에 한 걸음 더 가까이 다가갈 수 있다.

1. 습관적으로 독서를 한다

빌 게이츠나 마크 저커버그는 독서광으로 유명하다. 특히 빌 게이츠는 1년에 50여 권의 책을 읽으며 읽은 책에 대해 감상문도 자주 남긴다. 독서는 가장 쉽고 정확하게 깊이 있는 지식을 체득할 수 있는 경로다. 세계적인 부호 가운데 책을 멀리하는 사람은 거의 없다.

2. 메모나 기록을 즐긴다

부자들은 정보에 민감하게 반응한다. 최신의 고급 정보를 누가 먼저 선점하느냐에 따라 돈이 움직인다고 해도 틀린 말이 아니니까 말이다. 따라서 그들은 어떤 정보도 흘려듣지 않고 꼭 기록한다. 자신의 아이디어나 단상, 기사 등이 모두 기록의 재료가 된다.

3. 시간과 돈을 효율적으로 쓴다

왜 나는 늘 가난한지 궁금하다면 자신의 소비 패턴을 살펴보면 된다. 부자들은 결코 자신의 부보다 더 많은 소비를 하지 않는다. 또한 시간은 돈이라는 개념이 확고해서 시간을 헛되게 보내지도 않는다.

가수이자 프로듀서 박진영의 **B T S**

하루라도 공부하지 않고,
하루라도 쉬는 날이 없다

JYP엔터테인먼트 대표 박진영은 1972년생으로 1994년도에 '날 떠나지 마'라는 노래로 데뷔했다. 이후 1994년도 정규앨범 〈Blue City〉 이후 지금까지 정규앨범 7집, 미니앨범 3집을 발매했고, 이 외에도 여러 개의 디지털 싱글을 선보이며 아티스트로서 왕성한 활동을 이어가고 있다.

성공한 사람들의 세 가지 루틴

박진영은 가수, 작곡가로 활동하면서 500곡 이상을 만들었고, 1999년 JYP엔터테인먼트를 설립하여 수많은 후배 엔터테이너를 양성하고 있다. 박진영이 1993년도 데뷔 후 30년 가까이 왕성한 활동을 유지할 수 있는 것은 그의 철저한 자기관리 덕분이다. 박진영의 자기관리는 워낙 유명해서 여러 방송에서도 언급되었는데, 철저한 루틴에 따른 밀도 있는 생활이 인상적이다.

박진영의 B BODY :
공복을 16시간 이상 유지하는 초간단 식단

박진영은 한 방송에서 자신의 하루 일과를 소개하면서 점심 한 끼만 먹는 1일 1식을 일주일 중 4일간 하고 있고, 그 4일 동안은 20시간 0칼로리로 생활하는 간헐적 단식을 한다고 밝혔다. 그리고 저녁은 일주일 중 화, 금, 토 3일만 먹는다고 한다.

이렇게 간헐적 단식을 하는 이유는 "체중이 늘어나면 춤 출 때 완전히 다르기" 때문이다. 박진영은 "HGH라는 호르몬이 있다. 내게 필요한 호르몬이다. 금식 16시간 이상일 됐을 때부터 나온다. 춤을 계속 춰야 하는데 이 호르몬이 노화를 막아준다"고 설명했다. 그는 노화 방지와 건강을 위해 아침식사 대신 필수 영양소와 견과류 등을 섭취하는 식단을 20년 넘게 지속하고 있다고 밝혔다.

박진영의 모닝 루틴에 해당되는 영양소와 견과류 식단은 로열젤리, 강황, 루테인, 아마씨유, 클로렐라, 스피룰리나, 견과류, 유산균 3종, 그리고 노니주스와 유기농 올리브오일 한 잔이다. 유산균은 가루와 떠먹는 요거트, 케피어 3종을 함께 먹는데, 세 가지의 서로 다른 유산균이 몸속에서 시너지를 일으킨다고 한다.

그렇게 오전에 영양 섭취를 한 후 하루 중 점심 식사 한 끼만 하고, 일주일에 4일은 저녁 식사 시간에 식사 대신 농구를 한다. 박진영은 연예계에서 소문난 농구 마니아인데, 농구를 위해 일주일에 두 번 이상은 꼭 스케줄을 빼놓는다고 한다. 박진영 스스로 자신의 인생은 음악과 농구로 이루어져 있다고 말할 정도로 농구를 좋아해서 일주일을 구성하는 루틴에 농구를 꼭 끼워 넣는다고 한다. 이사를 갈 때에도 주변에 농구를 할 만한 곳이 있는지 먼저 확인하고, 만약 없다면 마당에 농구 코트를 만들 정도로 농구 사랑이 각별하다.

박진영이 이렇게 철저히 식단 관리를 하고 운동 루틴을 지키는 이유는 오랫동안 댄스가수를 하면서 춤을 추고 싶기 때문이다. 그는 체중이 올라가면 춤출 때 완전히 달라진다며 춤을 위해 철저히 식단 관리를 하는 것이고, 60살 때 춤을 가장 잘 추기 위해서 엄격하게 자기관리를 하는 것이라고 공공연히 밝히고 있다.

그는 최근 기자회견에서 이렇게 말했다.

"2032년 1월 13일, 제 60세 생일 때 댄스 가수로 무대에 서고 싶단 목표가 있습니다. 환갑까지는 20살 때보다 춤을 더 잘 추고 싶어요. 그래서 근력과 순발력을 잘 유지하기 위해 많은 노력을 해요."

이처럼 빈틈 없는 박진영의 생활을 제3자의 관점에서 바라보면 숨이 막힐 수도 있다. '왜 저렇게까지 하는 거지?' '저렇게 살면 무슨 재미가 있나?' 하는 생각도 든다. 박진영이 혀를 내두를 정도로 자기관리를 하는 이유는 그것이 자신의 철학을 만들고 지켜나가는 과정이기 때문이다. 박진영이 자기관리를 하는 것처럼 우리도 그렇게 해야 한다는 말이 아니라, 삶의 기준을 스스로 세우고 자신의 의지로 그것을 지켜가는 과정이 중요하다는 뜻이다.

박진영처럼 철저한 삶의 기준을 세우기 위해서는 명확한 삶의 목표가 필요하다. '나는 앞으로 10년 후 어떠한 모습이 되고 싶다'라는 구체적인 그림을 그려둔다면 자기 나름의 삶의 기준을 세울 수 있고, 그런 삶의 기준이 명확하다면 아무리 엄격하고 철저한 하루 루틴이라도 즐겁게 지켜나갈 수 있을 것이다.

하루 루틴은 특별한 사람, 유난히 의지가 강하고 남다른 사람만 실행할 수 있는 것이 아니다. 삶의 목표 의식이 뚜렷하면 누구든 자신만의 루틴을 세우고 별 어려움 없이 지킬 수 있다. 어떤 루틴을 세우느냐보다 어떤 삶의 목표를 가지고 있느냐가 중요한 이유다.

박진영의 TALENT :
삶에 기준을 정하고 규범을 세운다

박진영은 항상 아침 7시 30분에 일어난다. 눈을 뜨자마자 일본어 한 문장을 외우고, 일본어 문장을 외우지 않을 때는 그 시간에 작사를 한다. 그의 히트곡 중 3분의 2는 눈 뜨자 마자 머릿속에 떠오르는 노래 가사들로 만들어졌다고 한다.

박진영은 항상 공부하는 습관을 자신의 삶 속에 녹여두 었다. 그는 "어떻게든 따로 시간을 만들어서 나를 한 단계 업 그레이드할 계획이 매일 생활 속에 녹아 있어야 한다"며 끊 임없는 자기관리의 중요성을 강조한다.

그는 엔터테이너로서의 능력을 향상시키고 가다듬기 위 해 매일 오전 빠지지 않고 발성 연습을 한다. 스스로 노래 실 력이 부족하다 생각하여 가수가 된 후 해외 유명 보컬 강사 를 수소문해 레슨을 받았고, 그들의 노하우를 집대성한 보컬 바이블 'JYP 보컬 매뉴얼'까지 완성해서 후배 양성에 노력 하고 있다.

그는 옷 고르는 시간, 신발 끈을 묶는 시간조차 아까워서 한 계절에 두 벌로 지내며, 바지는 벨트 매는 시간이 아까워서 늘 고무줄 바지만 입고, 신발도 끈을 묶을 필요가 없는 것만 신는다고 한다. 이렇게 하루하루를 밀도 있게 살아가면서 늘 목표를 향해 살아가고 있는 것이다.

그의 '공부하는 루틴'은 단순히 실생활에 필요한 일본어 공부, 보컬 연습에 국한되지 않는다. 그는 건강한 몸을 위해 생물학과 의학을 공부하고, 가치 있는 삶을 위해 언제나 철학, 종교, 물리학 등 경계 없는 공부를 하고 있다.

"음식부터 노화 방지와 운동까지 매우 힘들지만 오랫동안 무대에서 춤추고 노래하고 싶기 때문에 열심히 관리를 해야 한다"고 박진영은 말한다. 명확한 삶의 목표를 세우고 그 목표를 위해 자신에게 주어진 시간을 알차게 쓰고 있는 것이다.

박진영처럼 내 삶의 어떤 부분을 긍정적인 방향으로 끌어가기 위해 스스로가 삶의 기준을 정해서 규범화한 것이 루틴이다. 단순히 좋은 생활 습관 하나 있었으면 좋겠다고 생각해서 목적 의식 없이 억지로 루틴을 만든다면, 그 루틴은 오래 지속될 수도 없고, 내 삶을 변화시킬 수도 없다. 앞으로 내 인생은 어떤 모습이었으면 좋겠는지 그에 대한 명확한 그림을 그리고, 그 그림을 완성시키기 위한 루틴을 만들겠다고 생각해야 한다.

자신의 목표를 이루는 데 도움이 되는 조력자이자, 자신의 인생을 바꾸는 디딤돌이 될 때, 루틴은 만들기도, 지키기도, 유지하기도 쉬워진다.

박진영의 **S** SPIRIT :

딴따라 철학으로 세상을 바꾸다

박진영은 스스로를 '딴따라'라고 칭하면서 삶에 대해 고민하고 늘 공부하며 답을 찾고 있다. 그는 '딴따라'라는 용어를 즐겨 쓰는데, 2집 앨범 타이틀곡이 '딴따라'일 정도다. 그는 이렇게 말했다.

"데뷔 무렵, 방송사분들과 대화를 하다 보니 그분들이 쓰는 '딴따라'라는 단어에 부정적인 뉘앙스가 들어 있었어요. 연예인을 비하하는 의미요. 그걸 좀 좋은 말로 바꿔놓고 싶은 마음이 생겼습니다. 그래서 '딴따라'라는 단어를 자주 썼고, 음반 타이틀로도 사용했어요. 요즘 '딴따라'가 좋은 말이 돼가는 것 같아 기분이 좋아요."

박진영의 '딴따라 철학'은 엔터테이너들에 대한 시선을 많이 바꾸어놓았다. 자신의 확고한 가치관으로 세상의 시선까지 변화시킬 수 있었다는 것 하나만 보아도 박진영의 고집스러운 가치관을 엿볼 수 있다.

그는 "아무리 작곡가나 사장 자리가 좋다지만 역시 난 춤출 때가 가장 좋습니다. 춤추고 있는 나에게 환호하는 팬들을 보면 혈관이 부글부글 끓어요. 내겐 춤이 마약이죠"라고 말한다. 그의 철저한 자기관리와 생활 루틴은 자신의 꿈을 이루기 위한 과정이며 삶의 방식인 것이다.

박진영은 "'왜 그러고 사냐'라는 말에 대답을 못하면 제일 한심한 거다. 그 물음에 기쁜 마음으로 대답할 수 있어야 한다. 그게 바로 '꿈'이다"라고 한 방송에서 말했다.

그의 꿈을 향한 열정, 삶을 어떻게 살아야 하는가에 대한 깊은 고민은 꿈을 잃고 살아가는 많은 사람들에게 귀감이 되고 있다.

박진영의 자기관리는 자신이 사랑하는 춤과 노래를 평생 누리고 살기 위한 바탕이 되어주었을 뿐만 아니라, 사회 인식 자체를 변화시켰다. 한 사람의 치열한 노력이 어디까지 영향을 미칠 수 있는지 보여주는 사례다.

철저한 식단으로 매일 배고픔을 느껴도, 술자리를 즐기지 않고 운동과 공부로 건조한 시간을 보내도 그에게는 그

과정이 힘들거나 고통스럽지 않을 것이다. 그 모든 과정이 그가 가장 사랑하는 춤과 노래를 오랫동안 하기 위한 조건이 되기 때문이다.

루틴이란 그저 '좋은 습관'에 머물지 않는다. 삶의 목표와 꿈을 위해 루틴을 내 삶에 끌어들이면 루틴은 삶 전체를 내가 목표한 방향으로 끌어갈 수 있게 도와주는 방향키가 된다.

지금 눈을 감고 10년 후 나는 어떤 삶을 살고 싶은지, 내가 꿈꾸는 나의 모습은 어떠한지 그림을 그려보자. 그리고 그러한 삶을 만들기 위해 무엇이 필요한지 생각해본다면 아마 당장 무엇부터 바꾸어야 할지 떠오를 것이다.

◈ 당신에게는 루틴이 있는가? ◈

루틴 열풍이 불면서 많은 사람들이 자신만의 루틴을 만들기 위해 노력한다. 최근 성장관리 앱 '그로우'가 오픈서베이와 함께 성인남녀 1,000명을 대상으로 '루틴'에 관한 설문조사를 진행했다. 그 결과, 우리나라 성인 10명 중 8명은 개인적인 루틴이 있고, 하루 평균 1.6개의 루틴을 실천 중인 것으로 나타났다. 하루에 실천하는 루틴의 개수는 2개가 32.7%로 가장 많았고, 뒤를 이어 1개 (25.1%), 0개(16.4%), 3개(12.8%), 5개 이상(5.8%) 순으로 나타났다.

루틴을 실천하는 분야(중복 응답)는 생활 습관 루틴이 48.6%로 가장 많았다. 그다음으로 운동 루틴(40.5%), 모닝 루틴(26.4%), 취미 루틴(24.0%), 업무 루틴(21.0%) 공부 루틴(19.6%), 힐링 루틴(16.1%), 저녁 루틴(15.0%)이 뒤를 이었다.

설문조사 결과를 보면 많은 사람들이 루틴에 대해 인지하고 있는 것으로 보인다. 중요한 것은 루틴을 알고 있느냐, 나만의 루틴을 갖고 있느냐가 아니라, 어떤 목표가 있어서 루틴을 가지려 하느냐이다. 아무리 거창한 루틴이라도 왜 그 루틴을 실천해야 하는지에 대한 목적의식이 없다면 "빛 좋은 개살구"일 뿐이다.

내 삶의 목표를 먼저 그리고, 그것을 이루기 위해 필요한 루틴으로 일상을 구성하는 것이 루틴을 올바르게 이해하고 활용하는 길이다.

베스트셀러 제조기 레오짱의 🅑🅣🅢
엄격한 자기 통제로
재능을 폭발시키다

15년 전에 《태백산맥》의 작가인 조정래의 '글감옥 습관'에 대한 다큐멘터리를 시청한 뒤, 나는 큰 충격을 받았다. 자신을 철저하게 격리한 뒤 쓰기에만 몰두하는 글쓰기 방식을 보고 나에게도 적용해보고 싶었다. 나는 즉각 나만의 글감옥 기법을 고안해 2달 만에 360쪽짜리 책《나비효과 영문법》

과 《나비효과 KEY20》을 집필했다. 이 첫 책 두 권이 모두 출간 즉시 영어 분야 베스트셀러 1위에 이름을 올렸다.

나는 순수 국내파 영어 고수다. 경희대학교 졸업 즈음, 처음 본 공식 TOEIC 시험에서 990점 만점을 받으며 YBM SISA 영어강사로 데뷔했고, 3년간 〈동아일보〉 영어 전문 칼럼니스트, 2년간 YBMSISA.COM 영어 전문 칼럼니스트로도 활동했다. 삼성전자, 현대건설, 대우그룹 등에서 영어전임교수로 많은 인기를 끌었으며, 이후 좀 더 폭넓은 출판 분야에 뜻을 세우고 출판사 편집장과 마케팅 총괄본부장, 출판기획실장 등을 거쳐 클라우드나인 출판사의 공동대표가 되었다. 〈중앙일보〉와 〈동아일보〉에서 특집 칼럼니스트로 활동했고, 고려대학교를 비롯해 중앙대학교, 건국대학교, 대진대학교 등에서 정기적으로 출판 강의를 하고 있다.

지금 하고 있는 일만으로도 눈코 뜰 새 없이 바쁘지만, 그렇다고 여기에서 안주하는 것도 내 삶의 방식은 아니다. 그래서 지금은 경영학 석사과정을 밟고 있다. 여기에서 책 관련 이론과 마케팅 노하우를 정교화하는 작업을 진행하고 있으며, 마이북하우스, 한국책쓰기센터 등을 운영하면서 책 쓰기와 출간 노하우를 수백 명에게 아낌없이 전수하고 있다.

성공한 사람들의 세 가지 루틴

레오짱의 B BODY :
근력 운동 52세트로 체력 유지하기

나에게 있어 신체 루틴은 글쓰기에 꼭 필요한 기초체력이 되어준다. 체력이 집중력을 길러주는 요소이기 때문이다. 그래서 늘 운동을 한다. 운동은 자신감을 높이기도 하지만 건강상으로도 매우 중요하다. 나이가 들수록 자연스레 근손실이 일어나는데 운동까지 하지 않으면 근력이 더욱 급속하게 빠져 체력 저하와 피곤함까지 몰고 온다.

그래서 나는 근손실 방지용으로 매일 아침, 근력을 기르는 52세트 운동을 한다. 왜 52세트일까? 눈치 빠른 독자라면 이미 알아챘겠지만, 자기 나이 숫자만큼의 횟수로 운동을 하는 것이다. 내 나이를 스스로 감당할 수 있기 위해서다. 나이에 맞게 점진적으로 운동 횟수를 늘리니 횟수가 늘어나도 별로 부담스럽지 않다.

우선 나는 아침에 싯업^{situps}부터 한다. 기구를 사용해서 윗몸일으키기부터 하는 것이다. 이어서 52세트 암스^{arms}라고 하는, 아령을 들고 하는 근육 운동을 몇 가지 자세로 52번 한다. 이어서 렉스legs, 즉 일어났다 앉았다 하는 스쿼트를 한다. 힙업에도 효과가 좋지만 나이 들수록 하체 근력이 매우 중요하기 때문이다. 다음으로 힐즈heels라고 하는 아킬레스건 쪽 발목을 들어주는 운동을 한다. 이 모든 세트를 맨몸으로 하는 게 아니고 30kg짜리 아령을 든 채로 한다. 그다음 마지막으로 넥neck을 하는데, 좌우로 52회씩 목을 돌린다. 몸을 릴랙스하는 효과가 있다.

저녁에는 자전거로 라이딩을 한다. 자전거로 동네를 크게 두 바퀴 빠르게 왕복하면 보통 30~40분이 걸린다. 밤마다 '내 구역은 내가 지킨다'는 마음가짐으로 임한다. 일종의 순찰을 도는 것이다. 동네 보안관이 된 기분이다.

사실 직장을 다니거나 본업이 있는 상태에서 매일 아침저녁으로 운동을 한다는 게 쉬운 일은 아니다. 하지만 내가 좋아하는 일을 오랫동안, 즐겁게 하기 위해서 잠깐의 귀찮음은 가뿐히 참아낼 수 있다.

레오짱의  TALENT :

글감옥 루틴으로 빠르게 성과 내기

재능은 지식의 인풋^{input}과 아웃풋^{output}이 조화를 이루어야 한다. 그래야 지식의 변비 현상도 없어진다. 인풋으로 들어오는 것이 많으면 아웃풋으로 나가는 것도 많아야 한다. 독서나 강의 수강 등으로 내 머리에 들어온 것은 매우 많은데, 그 자양분이 나만의 콘텐츠로 재생산되지 못한다면 어떨까? 마치 배가 터지도록 뷔페를 먹어놓고 그대로 잠자리에 드는 것과 같다. 나만의 지적 활동으로 표출해내지 않으면 지식 변비에 걸리고 만다.

나의 아웃풋은 새벽에 '글감옥 시간'을 정해 하루 동안 배우고 깨달은 것들을 집필로 쏟아내는 것이다. 창작 활동인 셈이다. '글감옥'이란 감옥에 갇힌 상황처럼 자신의 환경을 스스로가 엄격하게 통제하고 강제하면서 초집중의 시간을 갖는 루틴을 의미한다.

'글감옥'은 책을 쓸 때 주변 환경을 감옥처럼 세팅하는 방법이다. 조정래 작가와 이외수 작가로부터 영감을 받은 개념이다. 그들은 책 쓰는 작업을 할 때 해이해지지 않기 위해 감옥 같은 환경을 만들어놓고 글을 썼다. 나는 그 개념을 내 나름의 방식으로 변형해서 매일 출근 전 새벽 6시에 일어나 2시간 동안 집안 서재를 감옥처럼 운영하면서 글을 썼다. 감옥에 갇혀 행동을 제약받는 죄수처럼 커피도 안 마시고, 음악도 안 듣고, 일체 딴짓은 하지 않으면서 오로지 글만 쓰는 것이다. 그런 방법으로 첫 책을 썼다. 36년 만에 처음으로 해보는 일이었는데도 이런 방식으로 글을 쓰니 한 달 만에 초고를 쓸 수 있었다.

이 루틴으로 나는 15년 동안 매해 한 권꼴로 15권을 출간했다. 15권은 직접 썼고, 두 권은 영어 원서를 직접 발굴해 번역했다. 내가 쓴 총 17권의 책이 모두 베스트셀러에 오른 비결도 글감옥의 강제성과 집중력 덕분이라고 자부한다. 나의 글감옥 루틴을 정리해보면 이렇다.

1. 기상 직후 이완 체조 5분 실시.
2. 아침 명상을 복식호흡과 함께 10분간 실시.
3. 오늘의 할 일과 우선순위 정리.

성공한 사람들의 세 가지 루틴

4. 세수만 하고 바로 컴퓨터로 직행.

5. 전날 준비해두었던 원두커피, 우린 차, 영양제 주스 등 음료를 대량으로 준비.

6. 휴대전화를 '항공모드'로 설정한 뒤 방 밖에 둔 채, 방문을 걸어 잠그고 랜선을 뽑고 집필 시작.

7. 오전 6~8시(2시간) 또는 새벽 5~8시(3시간) 동안 글 감옥 수행.

8. 55분 집필에 5분 휴식×2~3회 패턴으로 세트 구성.

9. 매일 A4 용지로 6쪽씩 집필.

10. 이후 간략한 아침 식사 후 출근.

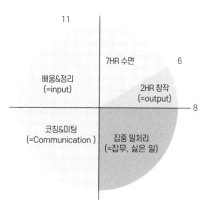

눈코 뜰 새 없이 바쁜 스케줄을 체계적으로 정리해주는 나의 일상 루틴

'글감옥'을 루틴화하면 엄청나게 많은 원고를 순식간에 탈고할 수 있다. 달성율과 집중력이 현저히 높아지기 때문이다. 목표는 있으나 루틴을 갖추고 있지 않은 사람들보다 최소 2배 이상 빠르게 성과를 내는 것이 루틴의 강력함이다.

'글감옥' 루틴에서 무엇보다 중요한 것은 자신을 외부의 환경으로부터 완벽하게 격리해야 한다는 것이다. 1~2시간 동안은 다른 일에서 뚝 떨어져 자신이 하려는 일에만 맹목적으로 집중해야 한다. 딴짓은 일체 시도조차 하지 않는 것이 상책인데, 그렇게 하려면 휴대전화는 아예 다른 방에 놓는 것이 좋다. 이왕이면 인터넷 검색을 빌미로 웹 방황을 하지 않도록 랜선도 미리 뽑아놓는 것이 좋다. 마치 수도원에 사는 수도승처럼 내 주변 상황과 환경을 엄격하게 통제하다 보면 놀라울 정도로 집중력이 높아진다는 것을 깨달을 수 있을 것이다.

어떤 재능이라도 환경의 영향을 받는다. 집중력을 방해하거나 몰입도를 해치는 환경에서는 재능을 성장시키거나 꽃피울 수 없다. 남들보다 2배 빠른 성취를 이룰 수 있다면 한두 시간 정도의 통제는 감당할 만하지 않을까?

석가모니는 방일放逸하지 말라고 했다. 무슨 뜻일까? '방일'은 뭔가에 지나치게 빠져서 취한 상태, 약간 반쯤 취한 상태를 말한다. '게으른 중독 상태'쯤을 뜻한다. 우리가 이 세상에 와서 뭔가 큰 성취를 이루려면 방일에 빠지는 것을 가장 경계해야 한다는 것이다. 잠시 일탈이 방로로 확대되면 일의 리듬이 완전히 망가져버리기 때문이다. 유튜브 알고리즘을 타고 타고 타고 영상을 5개쯤 이어 보다 보면 일의 리듬이 거의 망가져버린다. 하루가 우습게 가버린다. 이런 낭비되는 시간을 방지하기 위해 글감옥처럼 잠시 동안 자신을 방에 가두는 것도 그리 나쁜 일은 아니다.

 SPIRIT :

계획 명상과 스위치 명상으로 분위기 전환하기

나는 아침에 일어나서 명상을 한다. 명상은 나를 객관화하는 메타인지의 과정이기도 하다. 메타인지적인 명상은 하루하루의 큰 방향을 잡아준다. 더 높은 차원의 나로 부분부분의 나를 관리하는 느낌으로 명상을 행하고 있다. 하지만 나는 심오한 명상 전문가는 아니기 때문에 명상의 깊은 수준까지 잘 알지는 못한다. 그저 소소한 수준의 명상을 일상에서 활용하여 내 삶을 풍요롭게 만드는 방식을 취하고 있다.

내가 행하는 명상은 크게 두 종류다. 계획 명상과 스위치 명상이다. 모두 복식호흡법을 기본으로 행하고 있다.

먼저 일어나자마자 복식호흡법으로 깊은 이완을 이끌어내면서 '계획 명상'을 한 번 행한다. 하나의 업무에서 다른 업무로 전환할 때는 '스위치 명상'을 복식호법으로 함께한다.

복식호흡법은 숨을 쉴 때 배를 부풀리는 것이 아니고 횡격막을 아래로 깊게 늘리는 것이다. 그래서 폐의 공기량을

성공한 사람들의 세 가지 루틴

최대한 확보하는 것이 중요하다. 이렇게 호흡하면 음압, 즉 빨아들이는 압력이 발생하고, 혈액순환을 시켜주는 우리 몸의 펌프가 잘 돌아가서 피가 아주 잘 돈다. 또한 몸이 이완된다. 이 두 가지 효과 때문에 깊은 이완을 가져다주는 복식호흡을 권장하는 것이다.

복식호흡을 기본으로 먼저 계획 명상을 할 때, 그날 할 일을 떠올리고 우선순위를 정한다. 그날 할 일을 10가지 정도 전부 떠올린 뒤, 5가지 정도를 추려 우선순위를 정한다. 물론 나중에 투두 리스트To-do list 형식으로 적어놓긴 하지만, 머릿속으로 그려보는 것이 중요한 이유는 따로 있다. 전체적으로 빠르게 큰 그림을 그릴 수 있기 때문이다.

업무 중에는 내가 스스로 이름 붙인 '스위치 명상'을 하는데, 의자에 앉은 채 진행하는 명상이다. 다른 업무로 전환해야 할 때 5~10분씩 눈을 감고 잠시 명상을 하는 것이다. 스위치 명상은 A라는 일에서의 집중을 해제하고 B라는 일로 온전히 집중하기 위해 필요하다. 일종의 '재집중 명상' 혹은 '분위기 전환 명상'인 셈이다.

가끔 잡념이 많아질 때는 일부러 눈을 뜨고 명상을 하기도 한다. 눈을 뜨고 하는 명상은 명상이라기보다는 명상 자세(허리를 곧추세운 가부좌와 복식호흡) 상태에서 행하는 '골똘한 생각'(여러 궁리)에 가깝다. 실제로 이러한 '가부좌 생각 습관'으로 많은 일을 해결하기도 했다. 일시적으로 방의 불을 꺼놓고 아무 잡음도 없는 상태에서 15~20분 동안 묵묵히 생각에만 골몰하면 일하는 데 도움이 되는 좋은 아이디어들이 불쑥불쑥 튀어나오곤 한다.

명상을 어렵게 생각하는 사람들이 많은데, 그렇지 않다. 물론 특별한 방법과 기술이 있다면 더 좋은 효과를 낼 수도 있지만 그렇게 하지 않아도 바쁜 일상에 잠깐의 쉼을 줌으로써 엉킨 생각의 실타래를 풀고 앞으로의 일을 정리하는 해결사 역할을 충분히 한다.

피곤한 몸에 휴식이 필요하듯, 우리의 과열된 머릿속도 쿨링의 시간이 필요하다.

◇ 조정래 작가의 황홀한 글감옥 루틴 ◇

레오짱 필자는 조정래 작가의 글쓰기 방식에 영감을 받아 자기만의 방식으로 글감옥을 만들었다고 말한다. 그렇다면 조정래 작가의 글감옥은 어떤 형태였을까? 은유적인 표현이지만, 조정래 작가는 자신의 50여 년 소설 쓰기 인생이 글감옥에서의 수감생활과 크게 다르지 않았다고 말한다. 물론 행복하고 황홀한 글감옥이었지만 말이다.

그의 글쓰기 루틴은 조금 가혹한 데가 없지 않다. 하루에 평균 열여섯 시간을 꼬박 앉아서 글을 쓰는 데 집중한다. 집필하는 동안에는 거의 아무도 만나지 않고 '먹고 자고 쓰기'만을 계속한다.

아침 7시에 기상해서 체력 단련을 위해 운동을 하고, 아침 식사를 한 후 오전 집필에 들어간다. 1시간쯤 낮잠을 잔 뒤에 점시 식사와 간단한 체조 후 다시 오후 집필을 시작, 저녁 식사 후 가벼운 운동 뒤에 다시 야간 집필에 들어가는 루틴이다.

모든 유명인들의 루틴이 그렇지만 가장 중요한 업무를 중심으로 루틴을 구성하는 매우 단순한 삶의 방식이다. 에너지를 빼앗길 수 있는 일을 최소화하고, 그 모든 에너지를 본업에 집중하는 이런 루틴은 몰입력과 인내력을 최대치로 끌어올리는 지렛대 역할을 한다.

365재활교육협회 설립자 최윤희의 ⓑⓣⓢ

능력에 투자하여
자격증으로 돌려받다

현모양처를 꿈꾸는 지극히 평범한 아이였던 나는 지금 70
여 개의 자격증을 지닌 '자격증 부자'가 되었다. 2005년 제
과제빵 자격증을 취득하면서 인생 전환이 시작되었다. 늦은
나이에 배움의 즐거움을 알게 되었고 사회복지를 전공하면
서 보육교사 자격증도 함께 취득했다. 어릴 적 꿈이 유치원

교사였지만 여러 가지 어려운 현실에 꿈의 방향을 틀어 다양한 일에 도전하면서 차근차근 자격증을 취득했다. 하나의 자격증이 또 다른 자격증을 갈망하게 만들었고 성취감을 안겨주었으며 다음 도전에 용기와 열정의 마중물이 되어주었다.

건강한평생교육개발원을 직접 운영하면서 노화의 시계를 늦추기 위한 인지재활 프로그램을 필두로 총 14개 자격증 과정을 운영하고 있다. 또한 비영리단체 365재활교육협회를 설립하여 사회복지를 기반으로 신체적, 정서적(심리), 사회적 독립생활을 독려하는 차별화와 특별함을 강조하는

비영리단체 365재활교육협회를 설립하여 신체적, 심리적, 사회적 재활을 돕는 지식 정보를 제공하고 있다.

활동을 하고 있으며, 부설 365생활재활운동 연구소를 설립
하여 생활 속 재활운동을 연구 개발하고 있다. 특히 노인의
직업적 능력개발을 돕는 365건강충전센터를 전국에 운영
하고 있으며, 365실버보드카페를 개발하여 경제적, 사회적
으로 소외되어 어려움을 겪는 대상에 대한 교육적, 인도적
지원 활동 및 일자리 창출에 기여하려 노력하고 있다.

최윤희의 **B** BODY :

넓게 걷는 틈새운동으로 활기를 채우다

나는 틈새운동을 한다. 물론 운동을 전문적으로 배우기도 하지만 너무 바빠서 운동을 못하는 날에는 틈새 운동으로 부족한 운동 시간을 채운다. 틈새운동은 말 그대로 일상 틈틈이 시간을 버리지 않고 쓰는 전략이다. 틈새운동의 루틴은 이렇다.

- 소프트 아령이나 물통, 수건, 탄력밴드를 이용하여 도구운동을 30분 이상 한다.
- 20층까지 세 번을 올라간다. 내려올 때는 반드시 엘리베이터를 활용한다.
- 스쿼트를 30번씩 세 번 반복한다.
- 30분 이상 제자리걷기를 한다.
- 30분 이상 10cm 보폭으로 넓게 걷는다.

이렇게 틈새운동 루틴을 실행하고 있는데, 일상에서 쉽게 실천할 수 있을 뿐만 아니라, 특별한 장비도 필요 없어 마음만 먹으면 언제라도 시작할 수 있다.

보폭을 넓혀 보행하거나 발목을 들어 올리거나 밑으로 내리는 동작은 대퇴사두근과 엉덩이 쪽 근육을 발달시킨다. 그렇게 보폭을 넓혀 보행을 계속하다 보면 몸의 균형감각과 근력, 근육을 쓰는 능력들이 활성화되면서 허리 통증도 줄어든다. 귀차니즘이 밀려오면 가끔 꾀를 부릴 때도 있지만, 몸이 기억하도록 넓은 보폭으로 걷기는 반드시 지킨다. 내가 하는 운동 중 나에게 가장 필요하고 잘 맞는 운동이기 때문이다.

나는 되도록 근력운동 5할, 유산소운동 5할을 하려고 노력한다. 특히 생활재활운동 시간을 점점 늘리고 있다. 인간의 자연 노화를 재활시키는 생활재활운동은 현재 내가 운영하는 연구소에서 연구 개발하고 있으며 일상에 적용하고 있다.

직장 생활을 하는 사람에게 운동 루틴은 쉬운 일이 아니다. 아침에는 출근하기 바쁘고 저녁에는 쉬기 바쁘다. 휴일에는 일주일간 쌓인 피로를 풀어야 하기에 피로가 더 쌓이는 운동은 피하게 된다. 하지만 나에게 맞는 운동 하나쯤은

성공한 사람들의 세 가지 루틴

꾸준히 하는 게 신체건강은 물론이고 정신건강에도 매우 긍정적인 영향을 미친다. 자신이 하는 일을 건강하게 오랫동안 하려면 체력은 필수이고, 스트레스를 풀기에는 운동 만한 것이 없기 때문이다.

　좋아하는 운동을 하나의 루틴으로 가져가면 자신의 일상이 눈에 띄게 바뀐다는 것을 느낄 것이다. 그 신체 루틴이 몸의 피로를 관리하고 생활에 활력을 주기 때문이다.

스펙이 되어줄 자격증 만들기

2013년도에 방영되었던 〈직장의 신〉이라는 KBS 드라마를 기억하는 사람이 많을 것이다. 주인공이 다양한 자격증을 취득해 부장님도 쩔쩔매는 '슈퍼 갑 계약직', 즉 취업의 신이 된다는 설정의 드라마다. 드라마 주인공인 미스 김(김혜수)은 자격증 124개를 가진 초능력자로, 포크레인을 몰다가 해녀가 되어 물질을 하기도 하고, 버스 운전은 물론이고 홈쇼핑 모델로 등장해 완판녀로 등극하기까지 한다. "회사를 위해서, 동료를 위해서, 상사를 위해서 일하지 마! 오로지 너 자신만을 위해서 일해. 그것만이 네가 여기서 살아남는 방법이야"라고 말하는 미스 김의 대사가 기억난다.

그 당시에는 그 대사가 와닿지 않았지만, 지금은 그 대사가 나의 삶의 모토가 되었고 나만의 루틴 원칙이 되었다. 내가 70여 개의 자격증을 차곡차곡 취득하기까지는 18년이라는 시간이 걸렸다. 하루아침에 이루어진 일이 아니다.

2005년 제빵사 자격증으로 시작된 자격증으로 스펙 쌓기는 매년 3~9개까지 취득하면서 나의 진짜 스펙이 됐다. 내 밥벌이가 되어줄 평생 자격증을 만나려면 구체적인 전략을 세우고 신중하게 계획을 설계해야 한다. 나는 1년 단위로 취득 자격증을 설계하고 숫자화하여 목표를 설정했다.

　　나의 원칙은 첫째, 수입의 20%는 무조건 재투자하는 것이었다. 나에게 맞는 교육을 찾아내기 위해 현재 부족한 역량이 무엇이고 강점을 더욱 강화시킬 수 있는 과정이 무엇인지 선별하여 재투자를 했다.

　　둘째, 과도한 욕심을 부리지 않았다. 시간적 상황을 고려하면서 재투자를 했다.

2005년 제빵사 자격증을 시작으로 매년 3~9개의 자격증을 취득하면서 지금은 70여 개의 자격증을 가지고 있다.

셋째, 교육 시장은 계속해서 변화하기에 끊임없이 연구했다. 검색하고 알아보고 찾아보고 고민하면서 나의 재정 상태를 고려해 자격증 과정을 찾아내서 재투자하는 일은 결코 쉬운 일이 아니었다. 우후죽순 늘어나는 자격증 홍수에서 필요한 과정을 골라내는 선택은 매우 중요했다. 실패 없이 선택하는 것이 처음에는 어려웠지만, 몇 번의 실패 경험이 실패 횟수를 확연히 줄여주었다.

이런 과정을 거쳐 나처럼 자격증 부자, 진짜 스펙이 되는 자격증을 따는 일은 돈과 시간, 그리고 노력을 투자해야 하고, 당연히 힘이 든다. 하지만 이 과정을 잘 버티면 비로소 세상에 단 하나뿐인 나만의 특장점이 탄생한다. 이는 수익 창출로 이어지며, 또 다른 교육을 위한 개발에도 박차를 가할 수 있게 돕는다.

한 발자국만 앞으로 전진하면 별것 아닌 것들이 세상에는 제법 많다. 내가 먼저 찾아 기회를 만들면 된다. 기회는 없어지는 것이 아니라 내가 놓친 것이고, 내가 놓친 기회는 다른 사람이 잡는다. 놓치지 않으려면 자신의 그릇 크기부터 크고 넓고 깊게 만들어야 한다. 기회는 기다리는 것이 아니라 만드는 것이다.

성공한 사람들의 세 가지 루틴

열정도 시간표가 필요하다

열정 에너자이저인 나는 열정도 루틴으로 만들었다. 내 열정을 루틴화하기 위해 첫째, 시간 관리에 주의를 기울였다. 옛이야기 중에 나를 깨우친 이야기가 하나 있다.

한 스승이 커다란 유리그릇에 큰 돌멩이를 가득 채워놓고 물었다. "그릇이 다 찼느냐?" 제자들이 대답했다. "그릇이 다 찼습니다." 그러자 스승은 조약돌을 가지고 와서 돌멩이 사이를 가득 채워놓고 다시 물었다. "이제 다 찼느냐?" 제자들은 답변을 못하고 스승의 얼굴만 쳐다보았다. 이에 스승은 모래를 가지고 와서 그릇을 가득 채웠다. "이제 다 찼느냐?" 그제야 제자들은 자신 있게 대답했다. "네, 다 찼습니다." 그러자 스승은 책상 위에 있던 물을 그릇에 가득 부었다. 그리고 다시 제자들에게 물었다. "그릇이 우리들의 시간이라면 우리가 얻는 교훈은 무엇이냐?" 한참 만에 제자들은 이렇게 대답했다. "시간이란 충분히 다 썼다고 해도 여지가 있는 것입니다." 그러자 스승이 대답했다. "내가 주고자 하는 교훈은 시간이란 큰 계획부터 세워야 한다는 것이다."

자신의 강점을 찾기 위해 나의 그릇에 무엇부터 채우고 싶은지, 또는 무엇을 채워야 하는지, 그리고 무엇을 채우고 있는지 살펴야 한다.

둘째, 커리큘럼을 만들었다. 다양한 경험 속에 답이 있다고 판단하고 더 많은 강의를 듣고 공부를 해나갔다. 때로는 같은 주제를 강의하는 다른 강사의 강의를 청강하며 허락하에 녹음을 해서 반복 재생했고, 때로는 그 강의 그대로, 때로는 그 강의를 모방하면서 나만의 커리큘럼을 만들어갔다.

셋째, 정보 관리에 힘을 썼다. 책은 물론 자료도 막연하게 수집만 하지 말고 주제별로 정리해야 한다. 노트북, 휴대전화, 이메일, USB 등의 자료나 사진들은 바로 정리하고 관리하도록 노력했다.

이런 루틴이 나의 열정을 체계화하여 목표에 조금 더 쉽게 다가갈 수 있도록 도왔다. 막연하게 스펙을 쌓아야겠다고 생각하기보다는 어떤 스펙을 쌓고, 어떻게 그 스펙에 합리적이고 현실적으로 다가갈 수 있는지 열정을 루틴화했다. 막연한 열정보다 구체적인 열정이 진짜 열정이다.

◈ 나는 부지런한 사람일까? ◈

자신이 해야 할 목표를 설정하고, 그것을 이뤄내기 위해 부지런히 움직이는 사람들은 몇 가지 특징을 보인다. 부지런하다는 것과 바쁘다는 것은 조금 다른 개념인데, 타의에 의해, 자신의 생활에 충분히 만족하지 않으면서도 바쁠 수 있다면, 부지런함은 온전한 자신의 의지로, 자신의 생활 방식에 만족해야 가능하다. 그럼 다음의 체크리스트를 통해 나는 부지런한 사람인지, 게으른 사람인지 점검해보자. 5개 이상이면 부지런한 사람이라고 볼 수 있다.

1. 일을 미루지 않는다.
2. 하고 싶은 일보다 해야 할 일을 먼저 한다.
3. 핑계나 변명을 늘어놓지 않는다.
4. 항상 움직인다.
5. 정신적 스트레스가 적다.
6. 목표의식이 확고하다.
7. 긍정적이다.

3장.
정신(SPIRIT) 루틴

마음이 열려야
잠재력도 열린다

SPIRIT ROUTINE

방송인이자 배우 오프라 윈프리의 **BTS**

지성으로
자존감을 회복하다

오프라 윈프리^{Oprah Winfrey}는 자신의 이름을 건 토크쇼 〈오프라 윈프리 쇼〉로 유명한 방송인이자 배우다. 이 토크쇼는 1986년부터 2011년까지 무려 25년간, 총 5,000회 방송된 장수 프로그램이다. 140개국에 방영되었고, 하루 시청자 수가 700만 명에 달했으며, 미국 내 시청자 수만 해도 2,200

만 명에 달했던 전 세계적인 인기 프로그램이었다. 이 토크쇼의 진행으로 그녀는 'TV 토크쇼의 여왕'이란 애칭을 갖게 되었다.

우리나라 인구수보다 많은 팔로워를 가진 그녀는 세계에서 가장 영향력 있는 인물 1위로 뽑혔으며, 한때 미국 민주당 차기 대선주자로 부상하기도 했다.

불행했던 그녀의 과거 스토리는 많이 알려져 있다. 사생아로 태어나 외할머니 밑에서 자라야 했던 불우한 가정환경, 강간과 학대, 14세에 강간으로 인해 출산한 아이의 죽음 등 힘든 삶을 살아왔다. 그 때문에 마약에 손을 대고 무절제한 삶을 살아가면서 자포자기한 시절도 있었다. 그런 그녀가 돈과 명예를 한 손에 쥐게 된 배경은 무엇일까? 역시 그녀의 삶 속에도 BTS 루틴이 숨어 있었다.

오프라 윈프리의 B BODY :
몸무게 강박에서 벗어나라

좌절감으로 자기 절제를 포기하던 시절, 윈프리의 몸은 거구가 되어갔다. 자연스레 건강도 악화되기 시작했다. 악화일로를 치닫던 어느 날, 그녀는 자신의 건강에 관심을 갖기 시작했다. 이대로 인생을 마감할 수 없다는 경각심이 생긴 것이다. 그녀는 우선 다이어트를 시작하기로 마음먹고 살을 빼는 것을 1순위 목표로 잡았다.

그녀는 스물세 살이 되던 해부터 세상에 존재하는 거의 모든 방법의 다이어트를 시도했다. 하지만 언제나 성공하지 못했다. 단기간에 성공했어도 다시 원래 상태로 돌아가는 일이 반복되었다. 그녀가 시도했던 다이어트 중에는 우리나라에서 황제다이어트로 알려진 방법도 있었다. 고기를 통해 단백질 섭취를 극단적으로 늘리는 에킨스 다이어트로 30kg을 감량했지만 요요가 오면서 108kg까지 살이 쪘다. 한 번에 300Kcal씩, 하루 900Kcal를 섭취하는 대용식 다이어트로

72kg까지 줄이기도 했지만, 결국 125kg까지 살이 쪘다.

매번 성공과 실패를 반복하자, 윈프리는 다른 다이어트 방식을 고민한다. 그리고 최고의 전문가인 전문 트레이너, 요리사, 영양사, 의사 등과 함께 다이어트를 시도한다. 초기에는 40kg까지 감량했지만, 화가 날 때마다 식탐이 폭발한 탓에 기존 몸무게로 돌아왔다.

이런 반복된 실패를 경험한 그녀는 2000년 이후 심계항진증을 앓고 난 후에 큰 통찰을 얻는다. 옷에 몸을 맞추기 위해, 혹은 세상의 기준에 나를 맞추기 위해 노력했던 시간을 반성하며, 문제는 자신의 있는 그대로의 몸을 받아들이지 못한 자신의 생각에 있다는 것을 깨달은 것이다.

그 후로 그녀는 다이어트가 아닌 본질적인 건강에 관심을 가지게 되었다. 그리고 진짜 건강한 삶을 살기 위해서는 몸무게를 줄이는 것이 아닌, 꽉 찬 내면을 통해 하루하루 충만한 삶을 살아야 함을 알게 되었다. 그 뒤, 그녀는 더 이상 다이어트에 관심을 두지 않는다. 대신 진정으로 건강한 삶이 무엇인가에 관심을 갖게 되었다.

이제 그녀는 건강을 위해 꾸준히 요가를 한다. 산스크리트어로 '근원으로 결합한다'는 의미를 가진 요가는 특정 자세를 통해 몸과 마음을 동시에 단련하고 근원의 힘을 회복하게 하는 대표적인 심신건강법이다.

요가와 함께 윈프리는 생산성 향상과 에너지 레벨을 높이기 위해 15분간 러닝머신을 뛰는 루틴을 행한다. 더불어 복합 탄수화물과 섬유 단백질로 구성된 건강식을 챙겨 먹으면서 건강을 지킨다.

체중을 줄이는 것이 아닌, 자신의 건강한 삶과 꿈을 위한 귀한 자원으로서의 몸 관리에 집중하고 있는 그녀에게 신체 루틴은 이제 강박이 아닌 즐거운 삶의 리듬이 되었다.

오프라 윈프리의 **T** TALENT :

책 안에 성공의 지름길이 있다

오프라 윈프리가 방송계에 발을 들여놓게 된 계기는 방송국 견학을 가면서였다. 그것을 계기로 리포터 겸 앵커로 첫발을 내딛었고, 마침내 토크쇼의 여왕으로 최정상에 우뚝 섰다. 그녀를 그 자리에 오르게 했던 재능 중 하나는 풍부한 인간 적 정서와 흡입력 있는 표현력, 즉 입담이다. 그 재능은 어디 에서 왔을까?

부모 대신 윈프리를 키웠던 외할머니는 윈프리의 공부와 책읽기만큼은 철저하게 챙겼다고 한다. 윈프리 또한 극심한 절망 끝에 자살까지 생각할 정도로 정신적 궁지에 몰리기도 했지만, 이대로 죽을 순 없다는 생각에 공부와 독서에 혼신 을 다했다고 한다. 그녀는 독서를 통해 세상을 이해하고 지 혜를 얻었으며, 의식의 확장을 통해 새로운 관점을 선택하게 되었다. 나날이 깊어지고 넓어졌으며, 지식과 감정 등이 하 루가 다르게 풍부해졌다.

성공한 사람들의 세 가지 루틴

그녀는 말한다. "세상을 살아오면서 확실히 알게 된 것 중 하나는 독서가 우리의 존재를 열어준다는 것"이라고 말이다. 윈프리는 책읽기를 통해 더 높은 곳으로 향할 수 있는 능력을 얻을 수 있다고 강조한다. 그녀의 삶이 그 말을 증명한다. 윈프리가 지금의 위치에 서게 된 것, 지금의 능력을 얻게 된 원천은 바로 독서다. 윈프리는 자타공인 독서광이다. 그녀는 토크쇼의 한 코너인 '오프라의 북클럽'을 통해 매달 선정된 한 권의 책으로 온라인 토론을 진행하면서 지적 능력을 보여주기도 했다.

성공한 사람들의 공통된 습관 중 대표적인 것이 바로 독서다. 빌 게이츠Bill Gates는 성공을 위해서 독서는 선택이 아님을 강조하면서 독서는 단순한 취미가 아니라 성공의 절대적 필수 요건이라고 말한다. 소문난 독서광인 버락 오바마Barack Obama, 매일 500쪽의 책을 읽으면 지식이 복리이자처럼 쌓인다고 말한 워런 버핏Warren Buffett 등 독서는 성공한 사람들이 그 자리에 가기까지의 디딤돌이자 가장 결정적인 역할을 한 강력한 자원이다. 책 속에는 수천 년, 수만 년의 모든 지혜가 담겨 있으니, 오랫동안 응축되어 온 지식을 가장 빠르고 가장 쉽게 내 것으로 흡수할 수 있는 방법이 바로 독서다.

여러 분야에서 활약하는 다양한 사람들을 만나 그들과 대화를 나눠야 하는 토크쇼 진행자에게 풍부한 지식과 언변은 필수 조건이다. 오프라 윈프리는 독서를 통해 그러한 지적 소양을 쌓았고, 일상이 되어버린 책읽기 루틴으로 자신의 재능을 차곡차곡 성장시킬 수 있었다.

성공한 사람들의 세 가지 루틴

감사일기를 통해 마음의 시선을 확장하다

최고의 전문가들과 함께 다이어트를 하면서도 오프라 윈프리가 효과를 보지 못했던 가장 큰 이유는 화가 날 때 식탐을 절제하기 어려웠기 때문이다. 그녀는 자신의 내면이 충만하지 않으면 수많은 외적 방법론은 무용하다는 것을 철저하게 경험하면서 보이지 않는 정신의 충만함이 보이는 삶의 많은 양식과 변화에 영향을 미치는 본질임을 알게 된다.

정신의 충만함을 회복하기 위한 방법으로 그녀는 매일 아침 20분간 명상을 한다. 명상을 통해 하루의 시작에 앞서 희망과 만족감, 그리고 즐거움을 몸과 마음에 깊이 채운다. 자신의 삶에서 가장 행복한 일이 명상이라고 할 만큼 그녀는 명상 마니아다.

윈프리가 운영하는 회사에서는 오전 9시와 오후 4시에 전 직원이 하던 일을 멈추고 명상을 실천한다. 그녀는 명상을 통해 자신에게 짧은 휴식을 줄 때마다 에너지가 더 샘솟는 것이 느껴진다고 말한다. 그뿐만이 아니다. 명상은 영적 금수저의 역할을 한다. 물질적 부를 가지고 태어난 것을 현대판 금수저라 한다면, 고요함을 회복하여 본래 내면의 평화, 지혜, 사랑, 그리고 존재의 연결성과 희망을 얻는 것은 영적인 금수저인 셈이다. 이 영적인 금수저는 명상을 통해 얻을 수 있다.

윈프리처럼 자신이 머문 자리에서 그 공간의 사람들과 명상을 나눈다는 것은 우리 안의 가장 빛나는 보석을 깨워내는 아름다운 행위다. 쓸모없게 보였던 내 자신을 모든 것을 다 가지고 있는 풍요로운 존재라고 여기게 만드는 것도 바로 명상이다.

내적 충만함을 채우기 위한 윈프리의 또 다른 루틴은 감사일기 쓰기다. 수십 년 동안 해오는 윈프리의 감사일기 작업은 지금 당장 누구나 시도해볼 수 있을 만큼 간단하다. '때문에'가 아닌 '덕분에'라는 긍정적인 말로 구체적으로 무엇이 감사한지를 매일 한 줄이라도 적어보는 것이 감사일기다.

상담을 진행할 때 내담자들에게 감사할거리 30개 적어보기, 가족에게 감사한거리 100가지 적어보기 등을 과제로 내주는 경우가 있다. 내담자들은 대개 원망과 불만이 가득한 상태에서 오는 경우가 많기 때문에 어느 정도 그 정서를 해소하는 내적 작업을 먼저 진행하는 것이다. 그러고 나면 내담자들에게서 놀라운 고백이 들리고 놀라운 변화가 일어난다. 대표적으로 한쪽 면만 바라보고 불평하던 태도에서 반대편을 보게 되는 의식의 확장이 비로소 일어나는 것이다.

이처럼 '감사하는 마음'은 삶을 바라보는 시야를 확장시키고, 치우쳐 있던 시선이 삶의 양면 모두를 향하도록 만든다. 그리고 무엇을 내 삶의 중심에 두고 살 것인가를 선택하게 하는 여유 공간을 만들어준다. 감사하는 삶을 선택하는 순간, 에너지 공명의 법칙에 의해 감사한 것들이 더 많이 눈에 들어오고, 감사한 일들이 더 많이 펼쳐진다. 당연한 물리적 현상이다. 윈프리 역시 이 현상에 대해 이렇게 이야기한다.

"매일 짧게나마 짬을 내어 감사한다면 크게 감탄할 만한 결과를 맛보게 될 것이다."

윈프리는 자신이 가진 영향력으로 감사일기의 중요성을 전 세계에 설파하고 많은 사람들이 그녀를 따라 감사일기를 쓰면서 그 변화에 기쁨을 느낀다.

윈프리의 BTS 루틴은 지금의 그녀를 있게 한 큰 자산이다. 그녀는 말한다. "중요한 것은 당신이 얼마나 바쁜가가 아니라, 당신이 무엇에 바쁜가이다"라고. 우리는 '바쁘다'는 말을 입에 달고 산다. 그리고 그것이 마치 성공한 자의 잣대인 것처럼 생각하기도 한다. 하지만 윈프리는 말한다. 공허한 바쁨이 아니라 지성과 신체와 마음이 충만한 삶을 살아야 한다고. 한쪽으로 치우치지 않은 세 가지 루틴을 골고루 갖추는 것, 그 어떤 것도 소홀하지 않는 균형 있는 삶이 성공한 삶 그 자체라고 말이다.

◈ 감사일기는 어떻게 써야 할까? ◈

오프라 윈프리는 감사일기로 자신의 영적 세계를 관리했다. 감사일기는 말 그대로 감사하는 마음을 일기로 적는 것인데, 이를 루틴화하면 긍정적인 마음의 변화를 느끼게 될 것이다. 오프라 윈프리가 말하는 감사일기 쓰는 법을 알아보자.

1. 내 마음에 쏙 드는 나만의 감사노트를 준비한다.
2. 감사한 일(혹은 감사할 만한 일)이 생길 때마다 언제 어디서든지 쓴다.
3. 내용을 쓰기 전 짧은 제목을 붙인다.
4. 멋진 제목을 붙이기보다는 소박하고 일상적인 제목을 붙인다.
5. 사람을 만날 때마다 그로부터 받은 느낌과 기쁨을 쓴다.
6. 여유 있는 시간에 감사일기의 제목을 쭉 훑어본다.
7. 내가 써왔던 감사의 내용들이 어떻게 변화되고 있는지 살펴본다.

애플 창업자 스티브 잡스의 **B T S**

꼼꼼한 메모와 폭넓은 호기심으로
천재성을 북돋다

태어나자마자 양부모에게 입양되어 성장한 스티브 잡스^{Steve} Jobs는 양아버지 직장 덕분에 산업단지 주택가로 이사해 전 자회사에 다니는 사람들과 어울리며 성장했다. 학창 시절, 자신이 입양된 사실을 알고 충격을 받아 히피 문화에 빠지고 마약에도 손을 댔으나, 동양철학에 관심을 갖고 인도 여행을 가면서 내면에 대한 탐구와 충만함을 추구하기도 했다.

천부적인 전자 엔지니어였던 스티브 워즈니악^{Steve Wozniak}과 함께 1976년 컴퓨터(회로기판)를 제조하는 회사를 공동 창업했고, 잡스가 선불교 수행을 하던 장소인 사과 농장을 연상해 회사 이름을 애플^{Apple}로 정했다.

애플이 만든 퍼스널컴퓨터가 크게 성공하면서 억만장자가 되어 미국 최고 부자 대열에 합류했다. 1985년 본인이 세운 애플에서 쫓겨나지만 12년 만에 복귀하면서 아이튠즈, 아이팟, 아이폰, 아이패드 등을 개발해 전 세계의 주목을 받으며, 세상을 바꾸어가는 IT업계의 선구자로 인지된다.

사회적으로는 크게 성공했지만, 개인적으로는 사생활 문제와 암 발병 등 건강 문제에 시달리다가 2009년 10월 췌장암으로 56세에 사망했다.

스티브 잡스가 일으킨 IT 혁명, 즉 IT 기기의 발달로 인류는 지금 전혀 다른 세상을 살아가고 있다. 인류 변혁의 선구자라고 불리는 잡스의 성공 뒤에는 어떤 BTS 루틴이 있었을까?

스티브 잡스의 B BODY :
산책과 자연 식단을 추구하다

스티브 잡스의 대표적인 신체 루틴은 산책이다. 걸어서 인도를 여행한 적이 있는 잡스는 일생동안 걷는 것을 즐기고 사랑했던 사람이다. 그는 처음 만난 사람과 이야기를 나눌 때, 혹은 제품에 대한 아이디어를 논의할 때 산책하며 대화하기를 즐겼다. 점심 식사 후 1시간 이상 산책하면서 곡에 대한 아이디어를 떠올리곤 했다는 베토벤Ludwig van Beethoven, "만약 산책을 매일 하지 못했다면 내 머리는 폭발해버리고 나는 소멸했을 것"이라면서 매일 낮 2시부터 5시까지 산책을 통해 소설 줄거리를 구상했다는 작가 찰스 디킨스Charles Dickens, 철학자 프리드리히 니체Friedrich Wilhelm Nietzsche, 르네 데카르트René Descartes, 소크라테스Socrates까지 산책을 삶의 중요한 일과로 여겼던 그들을 보면, 그들에게 산책이란 창조적인 영감의 원천이 아니었을까 싶다.

과학적으로도 산책은 뇌를 단련시키는 운동이다. 특히

성공한 사람들의 세 가지 루틴

기억력을 관장하는 해마, 집중력과 창의력과 사고력 등을 담당하는 전두엽을 단련시키는 것으로 밝혀졌다. 다리 근육의 움직임이 감각과 신경을 깨워 뇌 활성으로 이어지기 때문이다. 특히 햇빛을 받으면 산책하는 것은 기분이 좋아지게 하는 세로토닌 호르몬의 분비를 늘려 정서를 안정시키고 스트레스를 완화시킨다. 그것은 당연히 몸과 마음의 건강에도 긍정적인 영향을 준다.

잡스의 또 다른 루틴은 직접 키운 유기농 채소로 식사를 하고, 식후에 소화를 촉진하고 체내 독소를 배출하는 따뜻한 허브차를 즐겼다는 점이다. 잡스와 그의 부인은 건강한 식단을 즐기고 저녁 시간은 가족과 함께 정서적 교류를 하며 보낸 것으로 알려져 있다. 그럼에도 췌장암 수술과 간이식 수술을 받다가 젊은 나이에 생을 마무리한 것은 인류적인 손실이라고 해도 틀린 말이 아니다.

잡스는 대체의학에 관심이 많아 투병 생활 중에도 사과와 당근만 먹거나 완전 채식을 하거나 단식을 하는 등 다양한 시도를 했다. 혹자는 현대 의학적인 관점에서 봤을 때 그러한 자연건강법 치료로 치료 적기를 놓쳤고, 그것들이 가진 위험성이 잡스의 몸에 영향을 미쳤다고 말한다. 하지만 또 다른 전문가들은 췌장암 5년 생존율이 5퍼센트임에도 불구하고 잡스가 8년을 살 수 있었던 것은 그러한 자연건강법 덕분이라고 말한다. 세상을 떠나기 2개월 전까지 애플의 CEO를 유지하며 너무 큰 책임과 짐을 지고 있던 것이 마음의 부담이 되지 않았겠느냐고 추측하는 이들도 많다.

건강을 지키려면 식습관, 적절한 운동과 수면, 스트레스 없는 마음 등이 기본이라고 말한다. 건강을 라이프 스타일의 종합적인 결과라고 볼 때, 어떤 부분의 결핍이 그에게 암 발병이라는 고통을 주었는지 안타까울 뿐이다. 다만 우리가 확

스티브 잡스는 IT 혁명을 이뤄내면서 세상을 바꾸어놓은 인물이다.

성공한 사람들의 세 가지 루틴

실히 알 수 있는 것은 잡스는 산책과 자연건강식을 사랑했고, 그것을 루틴화했다는 점이다. 그런 건강 루틴이 그에게 긍정적인 영향을 주었던 것만은 분명하다. 잡스는 말했다.

"자신을 위해 운전기사를 고용할 수는 있지만 병을 대신해줄 사람은 없었고, 물건은 잃으면 다시 사면 되지만 잃어버리면 다시 찾을 수 없는 것이 생명이다."

돈으로 대신할 수 없는 것이 생명이라는 간절함과 안타까움이 가득 묻어 있는 말이다. 자신의 건강을 돌보지 못한 후회로 가득한 말도 남겼다.

"세상에서 가장 비싼 침대는 병상이며, 가장 후회되는 것은 건강한 삶에 대한 책을 읽지 못한 것이다."

조금 이른 죽음이었는지 모르지만, 그로서는 최선을 다한 삶이었다.

스티브 잡스의 TALENT :
꼼꼼하게 메모하고 전방위로 학습하라

스티브 잡스는 이마누엘 칸트Immanuel Kant, 정약용, 니체처럼 자타공인 메모광이다. "창의력은 머리에서 나와 손으로 완성된다"는 말처럼, 메모를 통한 수많은 정보와 영감, 아이디어들이 쌓일수록 창의성은 높아진다. 특히나 태생적으로, 그리고 후천적으로 명상을 통해 본질을 보는 힘이 예리했던 잡스의 메모는 그의 창의성을 개발하는 데 더욱더 기여했을 것이다.

5,000명의 성공한 사람들을 통해 그들의 공통점 7가지를 발견한 사회경제학자 랜달 벨Randall Bell 박사는 업무를 꼼꼼하게 기록하고 아이디어가 떠오르면 무조건 메모하는 사람이 그렇지 않은 사람보다 성공할 확률이 289% 높다는 결과를 발표했다. 요즘은 스마트한 메모앱이 많아서, 메모하는 습관을 의식적으로 만들기 시작하면 자신이 메모해둔 것을 분류하고 검색해서 새로운 창조물을 만들어내기가 어렵지

않다.

　잡스가 자신의 창의력을 높이기 위해 활용했던 또 하나의 루틴은 의도적으로 전혀 다른 분야의 책을 읽거나 수업을 듣는 것이었다. 전공과 전혀 무관한 캘리그라피 강의를 들은 덕분에 메킨토시의 타이포그래프 서체를 만들 수 있었던 그는 "창의성은 단지 어떤 것들을 연결하는 것"이라고 표현하면서 자신이 속하거나 전공하지 않은 분야에 관심을 갖는 것은 무의미한 것이 아니라, 창의성의 또 다른 자원이 되는 것임을 강조했다.

　마지막으로 그가 재능을 강화하기 위해 가지고 있던 루틴 중 하나는 옷 입는 시간을 줄이기 위해 똑같은 디자인의 검은색 셔츠만 입은 것이다. 그런데 그의 무신경한 패션이 오히려 유명해져서 이제는 청바지에 검은 티셔츠가 잡스의 시그니처가 되었다. 잡스가 옷 입는 시간을 줄이기 위해 매일 똑같은 옷을 입었다는 것은 단순히 시간 절약의 문제가 아니다. 자신이 이루고자 하는 욕구와 욕망을 최소한으로 줄여서 역량을 최대한 쏟아붓기 위한 선택과 집중의 선택이었다는 점을 기억해야 할 것이다.

스티브 잡스의 SPIRIT :

자신에게 말을 거는 명상과 거울 질문

일찍이 동양철학과 명상에 관심이 많았던 걸로 잘 알려진 잡스는 명상을 즐긴 것으로도 유명하다. 1970년대 대학을 중퇴하고 인도를 여행하면서 시작된 습관이니 꽤 오랜 시간 명상을 루틴으로 삼아온 셈이다. 그는 하루의 시작과 마무리에 반드시 명상을 했다. 어떤 이는 불교의 좌선을 비롯한 명상이 심플한 것을 추구했던 애플의 사상에 영향을 미쳤다고 보기도 한다.

오늘날 명상은 집중력과 생산성을 높이는 데 효과가 검증되면서 페이스북이나 구글 같은 글로벌 기업들이 직원 교육으로 도입해 실시하기도 한다.

잡스는 명상은 훈련이며, 우리 모두는 명상을 연습해야 한다고 말했다. 그래야 비로소 사물을 더 명확하게 보고, 더 나은 현재를 살아갈 수 있다는 것이다.

명상 외에도 잡스는 아침 질문을 루틴으로 삼았다. 그는 아침마다 거울 앞에서 자신에게 물었다. "만약 오늘이 내 인생의 마지막이라면 내가 오늘 하려던 일을 하겠는가?" 내면에서 반복적으로 '아니'라는 대답이 느껴지면 그는 무언가 바뀌어야 할 필요가 있다는 것을 깨달았다.

죽음이라는 주제는 바쁘게 살아가는 우리를 잠시 멈추게 하고, 삶 전체를 돌아보고, 삶의 본질을 마주하게 하며, 성찰하게 하는 힘을 가졌다. 우리 삶의 마지막에 섰을 때 가장 절실히 하고 싶었던 것을 떠올리면 잘 보이지 않았던 길이 보일지도 모른다. 잡스는 언제나 절실하게 삶을 살았다. 그의 루틴을 보면 단순하고 멋 부리지 않는 삶, 그러나 치열한 삶을 살아왔던 그의 인생이 함께 보인다.

◈ 명상으로 마음 다독이기 ◈

명상은 집중력을 키우고 스트레스를 줄이고 불안감을 해소시킨다. 바쁘게 살아가는 현대인들에게 명상이 필요한 이유다. 명상은 종류도 많고 깊이 들어갈수록 어려워지지만 초보자들은 우선 마음을 비워냄으로써 마음을 다독이는 명상부터 시작하면 좋다. 다음 방법으로 명상을 하면서 우리 마음이 어떻게 변화하는지 느껴보자.

1. 장소를 찾는다

어떠한 것에도 방해받지 않는 조용한 장소를 찾는다. 일상에서 벗어나 평화를 느낄 수 있는 장소를 고르는 게 좋다.

2. 시간을 정한다

초심자는 5~10분에서 시작하여 익숙해짐에 따라 시간을 늘리는 것이 좋다. 처음부터 한 시간 동안 명상을 하면 부담감만 커진다.

3. 눈을 감고 호흡에 집중한다

코 또는 아랫배를 통해 자연스럽게 들숨과 날숨을 의식하며 호흡한다. 호흡에 집중이 되면 점점 깊고 길게 숨을 쉬어본다. 심호흡은 몸과 마음을 진정시켜준다.

성공한 사람들의 세 가지 루틴

트위터 창업자 잭 도시의 🅑🅣🅢

명상과 절식과 금식으로
에너지를 절약하다

2006년에 트위터를 창업한 잭 도시^{Jack Dorsey}는 MIT 기술 평가 전문지인 〈TR35〉에서 뽑은 세계 최고의 발명가 35인 중 한 명으로 선정될 만큼 뛰어난 실력의 소유자다. 2021년 트위터 CEO에서 물러났고, 지금은 핀테크 기업에서 비트 코인 등 가상화폐 관련 서비스에 집중하고 있다.

잭 도시의 B BODY :
걸어서 출근하기로 주도적인 아침을 시작하다

세계적인 기업을 경영하는 사람들에게 시간은 돈이다. 그래서일까? 우리는 그들이 가능한 많은 시간을 들여서 일을 할 거라고 생각한다. 물론 그들 중에는 워커홀릭인 사람도 많다. 하지만 바쁜 시간 중에도 그들은 의도적으로 공백의 시간을 만든다. 명상, 산책, 낮잠 등 다양한 방법으로 그들은 잠시 멈춘다. 이는 분명 더 나은 생산성을 위한 행동이다.

잭 도시는 걸어서 출근하는 것으로 유명하다. 약 8km를 한 시간 넘게 걸어서 회사에 출근한다. 트위터의 창립자이며 수조 원의 자산가인 그가 굳이 걸어서 출근하는 이유는 무엇일까? 그의 아침 루틴을 보면 이해가 된다.

- 5시 기상 후 30분간 명상, 7분짜리 운동 3세트
- 7시 30분 전까지 휴대전화 멀리하기
- 집에서 회사까지 걸어서 출근하기

잭 도시는 하루의 시작을 오로지 자신을 위해 투자한다. 이 시간을 통해 마음을 차분하게 정리할 수 있다. 걸어서 출근하기 루틴은 신체 루틴이자 일종의 미라클 모닝으로 볼 수 있다. 몸과 마음을 움직여 더 나은, 더 주도적인 아침을 시작하는 것이다. 이처럼 성취감과 '큰 승리'로 시작하는 하루는 더 나은 오늘을 만든다. 유명한 기업가들이 새벽 시간을 활용한다는 것은 우연이 아니다.

특히 잭 도시는 1시간 넘게 걸어서 출근하는 동안 팟캐스트, 오디오북 등을 듣는다. 이동 시간을 활용하여 독서를 하는 것이다. 아주 사소한 습관으로 보일 수 있으나 독서는 성공하는 사람들의 필수 습관이다.

2014년 순자산 320만 달러(약 43억 원) 이상 부자들의 습관을 연구한 한 조사에 따르면, 90퍼센트에 가까운 부자들이 책 읽는 것을 좋아하고 하루 30분 이상 책을 읽었다. 자동차 안에서 오디오북을 듣는다고 응답한 부자도 63퍼센트에 달했다. 부자들은 독서를 게을리 하지 않는다.

아침에 걸어서 출근하면 또 어떤 점이 좋을까? 상쾌한 기분으로 하루를 시작할 수 있어 몸에 활력이 생긴다. 꾸준하게 한다면 분명 건강에 큰 도움이 된다. 《타이탄의 도구들

Tools of Titans》을 쓴 투자자 팀 페리스^{Tim Ferriss}는 자신이 지금껏 한 투자 가운데 가장 가치 있는 투자는 "매일 걸어서 출근하는 데 시간을 할애한 것"이라고 말하기도 했다.

시끄럽고 복잡한 대중교통을 이용한 출근, 운전에 집중해야 하는 자가용 출근과 비교할 때 자연과 함께 조용히 걷는 출근길은 완전히 다른 아침을 열어준다. 건강해질 뿐만 아니라, 나에게 온전히 집중하며 주도적이며 적극적인 생각의 문을 열어준다는 점에서 걸어서 출근하기는 한 번쯤 시도해볼 만한 신체 루틴이다.

잭 도시의 TALENT :

블록 단위로 시간을 쪼개 효율성을 극대화하다

지금은 트위터 경영선상에서 물러났지만, 한때 잭 도시는 트위터와 스퀘어(블록체인 관련 기업) 두 개의 기업을 동시에 경영하기도 했다. 하나의 기업을 경영하는 것도 쉬운 일이 아닌데, 그는 어떻게 그 많은 일을 해냈을까?

결론부터 말하면, 시간 관리에 비밀이 숨어 있다. 단순하게 시간을 아껴 쓰는 차원이 아니다. 물론 많은 시간을 일에 몰두하긴 했지만, 그에게는 시간을 철저하게 관리하는 습관이 있었다. 먼저 많은 시간을 확보하여 두 기업 경영에 쏟아부었다. 그리고 그 시간을 효율적으로 쓰기 위한 체계를 갖고 있었다.

여기에 그는 '블록block'이란 개념을 자신의 시간 관리에 도입했다. 당시에 그는 하루에 16시간을 일했다고 한다. 그 중 8시간은 트위터, 8시간은 스퀘어에 할당했다.

잭 도시는 각 요일마다 해야 할 업무를 할당하고 다른 일은 하지 않았다. 예를 들어, 월요일은 경영, 화요일은 마케팅, 수요일은 주요 미팅 같은 식이다. 이런 식으로 테마를 가지고 업무를 처리하면 자잘한 업무를 한꺼번에 처리할 수 있어 효율적으로 시간을 활용할 수 있다. 스티브 잡스 역시 이처럼 매일 특정 테마를 가지고 일을 했다고 한다.

매일을 오전과 오후로 2등분하여 시간을 사용하는 방법도 있다. 아래는 한국의 벤처캐피털 회사인 소풍Sopoong의 CEO 한상엽 대표가 제안하는 '시간을 14개의 슬롯으로 쪼개서' 쓰는 방법이다.

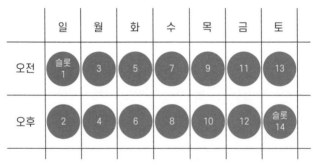

	일	월	화	수	목	금	토
오전	슬롯 1	3	5	7	9	11	13
오후	2	4	6	8	10	12	슬롯 14

출처: https://brunch.co.kr/@maxhan/61

이런 방식이 집중도를 높이고 효율적인 이유는 우리가 생

성공한 사람들의 세 가지 루틴

각보다 멀티태스킹에 취약하기 때문이다. 심지어 껌을 씹으며 동시에 단어를 외우면, 그렇지 않을 때보다 암기력이 떨어진다는 연구 결과도 있다. 온전히 집중할 수 있는 시간 뭉텅이가 있다면 우리는 생각보다 더 많은 일을 처리할 수 있다.

잭 도시는 많은 일을 최상의 결과로 만들어야 하는 위치에서 누구에게나 똑같이 주어진 시간을 어떻게 하면 효율적으로 쓸 수 있을까 고민했을 테고, 그 해결책으로 시간을 블록별로 나누는 방법을 고안했을 것이다. 그에게는 시간 관리가 경쟁력이자 생존법이었을 테니 말이다. 그래서 지속적인 루틴을 세우려고 노력했고 실천했다. 하루 일과도, 시간을 관리하는 것도 그에게는 매우 중요한 루틴 중 하나다.

잭 도시의 SPIRIT :

명상과 절식을 통해 에너지를 집약하라

잭 도시는 아침 기상 후 곧바로 명상을 한다. 잠들기 전에도 명상을 한다. 명상에 대한 그의 관심은 실로 대단하다. 자신의 정신건강에 가장 큰 영향을 주는 것은 '명상'이라며 20년 동안 명상을 실천했다. 2018년에는 자신의 생일을 자축하며 미얀마로 명상 여행을 떠나기도 했다. 이러한 잭 도시의 명상 습관은 트위터 경영 당시 직원들의 불만을 사기도 했다. CEO 업무에만 집중해도 모자란데, 관심사가 너무 많다는 것이 불만의 이유였다.

잭 도시는 명상뿐만 아니라 절식과 금식으로 심신을 관리한다고 알려져 있다. 그는 하루에 한 끼를 먹고, 주말에는 금식을 실천한다. 그는 한 인터뷰에서 이렇게 말했다.

"나는 하루 중 저녁만 먹는다. 샐러드, 시금치, 아스파라거스, 또는 브뤼셀 양배추와 함께 생선, 닭고기, 또는 스테이

크로 식사를 한다. 디저트로는 딸기류나 다크초콜릿을 먹으며 가끔 레드와인도 마신다."

그가 1일 1식을 하는 것은 시간과 에너지를 관리하기 위해서다. 그는 처음엔 금식이 힘들었지만 2주 후 몸의 변화를 느꼈다고 말한다. 그리고 금식을 통해 우리가 얼마나 많은 시간을 식사에 집중하고 있는지 알게 되었다고 한다.

사실 성공한 사람 치고 뚱뚱한 사람을 찾아보기는 쉽지 않다. 이는 자기관리를 잘한다는 측면으로 볼 수도 있지만,

트위터를 만든 잭 도시는 금식을 통해 시간과 에너지를 관리하는 것으로 유명하다.

식욕 등 필요 이상의 욕망을 절제하고 불필요한 에너지를 낭비하지 않는다는 측면으로 볼 수도 있다. 과식 후 졸음이 몰려오는 것을 우리는 종종 경험한다. 그런 면에서 잭 도시의 절식은 뇌에 갈 에너지가 위장에 쓰이지 않도록 하는 것, 에너지를 꼭 필요한 곳에 집중하도록 하기 위한 방편으로 보인다.

명상과 절식. 잭 도시가 그렇게 표현한 자료는 없지만, 이것은 일종의 '공백'을 확보하려는 노력이 아닐까? 명상을 통해 정신적인 공백을, 절식을 통해 신체적인 공백을 얻는 것은 아닐지 생각해본다. 그런 공백이 있어야 신체와 정신의 균형을 유지할 수 있는 것이다. 쉼이나 공백 없이 365일 열을 가하기만 한다면 정신이든 신체든 견뎌낼 수가 없다. 잭 도시는 그 공백을 통해 시간과 에너지를 자신이 원하는 일에 집중하는 삶을 살고 있는 것이다.

성공한 사람들의 세 가지 루틴

◈ 금식해도 괜찮아 ◈

최근 간헐적 단식을 실천하는 사람들이 늘고 있다. 간헐적 단식이 다이어트의 목적이 강하다면, 14시간 금식법은 새로운 건강법으로 주목받고 있다. 이는 과학적으로도 증명이 되었다.

최근 미국 샌디에이고 캘리포니아대학교 연구팀은 비만인 19명의 성인을 대상으로 하루 24시간 중, 14시간은 금식하고 나머지 10시간 안에만 음식을 섭취하는 '14시간 금식법' 실험을 진행했다. 그 결과, 12주 후 모든 참가자의 체중과 체지방량이 감소했다. 뿐만 아니라 대부분의 참가자는 콜레스테롤과 혈당 수치도 낮아졌다. 연구팀은 특히 당뇨병 위험을 낮추는 데 14시간 금식법이 효과가 있는 것으로 보고 있다.

이런 결과가 나타난 구체적인 원인까지 밝혀내지는 못했지만, 단식을 하면 '케톤ketone'이라는 대사물질이 나오고, 이 물질이 우리 몸의 대사를 정상적으로 조절해 당뇨병 예방에 도움을 주는 것으로 보인다.

만능 엔터테이너 박재민의 🅑🅣🅢
크게 빛나지 않아도
즐거운 삶이 가치 있다

10잡스[10 Jobs]란 10개의 직업을 가진 사람, 또는 많은 분야에서 활약하는 이를 일컫는 말이다. 배우, 교수, 방송인, 모델, 번역가, 작가, MC, 비보이, 대한농구협회 공인심판, 스노보드 선수와 해설위원, 스노보드 국제심판, 대한댄스스포츠연맹 이사, 브레이킹 국제심판 등 다양한 직업으로 '10잡스'라

성공한 사람들의 세 가지 루틴

불리는 박재민은 다재다능한 뇌섹남이다.

　　그러나 그는 말한다. "직업은 좋아하는 활동을 꾸준히 하면서 인생의 이상향을 찾아가는 '연료'일 뿐 목적지는 아니"라고. 노력 이상의 노력, 결이 다른 노력, 각도가 다른 노력, 열정이 가득한 노력을 강조하는 박재민은 전문가 수준의 실력을 여러 방면에서 발산하며 만능 엔터테이너의 모습을 보여주고 있지만, 그 다방면의 재능을 유지하기 위해 꾸준하고 성실하게 자기관리를 하는 배우로 유명하다. 그는 항상 책을 가까이 두는 습관이 중요하다고 강조하면서 "자투리 시간에 한 문단을 읽더라도 종이의 질감을 손끝으로 느끼려고" 노력한다.

박재민의 **B** BODY :
성실한 일상으로 건강을 지킨다

'프로 챌린저'는 박재민의 SNS 아이디이자 그를 가장 잘 표현해주는 단어. 박재민은 "포기란 내 옵션에 없어"를 외치는 만능 스포츠맨으로도 잘 알려져 있다. 열네 살부터 비보이를 시작해 현재 프로 비보이 팀에 소속되어 있기도 하다.

춤추고 운동하는 것을 좋아했던 그는 2011년 〈출발 드림팀〉에 반 고정 멤버로 출연하면서 만년 2등이었지만 전성기를 보낸다. 탄탄한 근육질 몸매와 뛰어난 운동 실력, 그리고 탁월한 언변까지 가지고 있어서 당시 엄친아 이미지를 얻기도 했다.

운동을 좋아해 운동복 부자이기도 한 그는 만능 스포츠맨답게 뜨거운 열정과 긍지로 지치지 않는 체력과 정신력을 유지하기 위해 무슨 일이든 포기하지 않는다. 마음먹으면 반드시 성공까지 하고야 마는 강철 체력의 소유자다. 그는 운동선수들처럼 시간 틀에 짜여 몸을 관리하기보다는 틈나는 대로 하루하루 열심히 사는 데 초점을 맞추며, 그저 순간순간 최선을 다할 뿐이라고 강조한다. 몸을 관리하는 루틴은 따로 없고, 평소 물을 많이 마시고 멀티비타민을 기본으로 챙겨 먹는 습관이 건강관리 비법이라고 밝혔다.

박재민은 끝없이 도전하고 끝없이 성취한다. 이런 놀라운 열정의 궤적을 이어가게 하는 동력은 바로 '재미'다. 그의 놀라운 경력과 이력은 재미를 동반한 취미생활에서 시작되었다. 그러니까 그의 신체 루틴 또한 재미에서 시작된다. 즐거움이 동반된 루틴이기에 지치거나 귀찮을 이유도 없다. 루틴은 습관의 총합이다. 그러나 습관을 만드는 것은 쉽지 않다. 박재민은 그 쉽지 않은 일에 '즐거움'을 가미함으로써 다양한 성취감을 경험했다. 특별한 목표가 있다면 어떤 루틴이라도 일상처럼 해나갈 수 있음을 보여주는 또 하나의 훌륭한 사례다.

박재민의 TALENT :
남들이 외면하는 분야를 파고든다

결이 다른 노력을 하는 박재민은 비상한 두뇌의 소유자라고 알려져 있다. 하지만 그는 그런 세간의 인식에 고개를 젓는다. 자신은 무언가 배우고 익히는 데 시간이 오래 걸리는 '슬로 스타터'이자 노력파라는 것이다. 다만 자신에게 도움이 될 만한 것만 하고 아무리 생각해도 도움이 안 될 것 같은 일은 하지 않음으로써 효율적으로 자기를 관리한다.

중학생 때는 농구선수가 꿈이었고 선수 제안까지 받을 만큼 실력이 좋았지만 부모님의 반대로 선수는 포기했고, 스포츠 행정사가 되어보는 건 어떻겠냐는 부모님의 제안에 깊은 고민에 빠지기도 했다. 목표한 대학에 진학하면 하고 싶은 운동과 춤을 출 수 있게 해주겠다는 부모님의 말에 작심하고 공부해서 서울대학교에 입학한 일은 그가 하고 싶은 일에 얼마나 대단한 열정과 열의를 보이는지 보여준다. 본인 또한 3개월 동안 수능점수를 무려 120점이나 올려 400점

만점에 380점까지 나오는 결과를 보면서, 좋아하는 것을 하면 무엇이든 가능하다는 것을 알게 되었다고 한다.

이렇게 진학한 대학 농구 2부 리그에서 그는 8년 동안 선수 생활을 했다. 우수한 성적을 여러 번 내면서 더 전문적으로 배워보고 싶었고, 대한민국 최고의 선수들과 붙어보고 싶었고, 최고의 지도자들은 어떻게 지도하는지도 보고 싶었고, 그러다 보니 농구를 했다는 자격증이나 증명서라도 발급받고 싶었는데 그런 자격증이 없었기에 공인 심판자격증을 2018년도에 취득한다. 농구에 대한 끊임없는 열정과 관심의 결과다.

또한 그는 스노보드 선수 생활을 20년 동안 했고, 베이징동계올림픽 해설위원으로 등장해 입담을 과시하기도 했다. 완벽한 해설을 위해 무려 506장의 자료를 준비해서 시청자들에게 전문성 넘치면서도 재미있는 해설을 들려주어 호평을 받기도 했다.

그는 많은 자격증을 소유하고 있지만, 거기에서 멈추지 않고 취득한 자격증에 관련된 활동을 꾸준히 이어가고 있다.

박재민은 정석을 가면서도 자기만의 개성을 가지고 있다. 배움에 자신의 관심사와 개성과 열정을 얹어 자신만의 강점을 만들어낸 것이다. 그의 배움에는 공통점이 있다. 남들이 잘 하지 않는 분야에 도전한다는 점이다. 그는 도전 자체에 의미를 둔다. 어느 것 하나 재미없는 일이 없고 일하는 것 자체가 행복이라고 말하는 그는, 직업이 행복한 삶을 살아가기 위한 수단이지 목적이 되어서는 안 된다고 강조한다.

 SPIRIT :

생각을 비우고 행복한 일에 올인한다

보기와는 다르게 내향적인 박재민은 에너지를 얻는 원천이 자신 안에 있다고 말한다. 그래서 바깥 생활을 잘 하지 않고 집에서 혼자 공부하는 편이고, 그러다 보니 여러 일을 하면서도 시간이 부족하지는 않다고 한다. 도전이 습관이 되어버린 그에게 사람들은 "어떻게 하루하루를 그렇게 열정적으로 사냐?"고 많이 묻는다. 소득이 일정하지 않아 두렵지 않냐고 묻기도 하는데, 그에게 1년은 12계절 같아서 한 직업에서 일이 끊기면 다른 직업에서 일이 들어와 경제적으로 크게 어렵지 않거니와 열두 번의 재미로 1년을 살아서 즐겁다고 한다.

열정 만수르이자 재미나이저 박재민은 평상시에도 힘든 것을 힘들지 않다고 생각하려고 노력하며, 스스로를 '괜찮다'고 다독인다. 아프더라도 어차피 나을 것이고 하룻밤 자고 나면 회복된다고 초긍정 마인드를 보여주는 그는 어려운 순간들이 닥치면 아무 생각 없이 있어야 한다고 자신만의 철학을 밝히기도 했다. 박재민은 목표가 뚜렷하면 일이 더 안 된다고 말한다. 어려운 순간들을 아무 생각 없이 버티다 보니, 어느 순간 1만 시간이 채워져 있었고 슬럼프에서 빠져나와 있었다는 것이다. 절망에 대처하는 가장 좋은 방법은 '생각 비우기'라고 그는 강조한다.

다양한 사회활동도 하고 있는 박재민은 자신이 특별히 착하거나 의식 있어서 그런 활동을 하는 것은 아니라고 말한다. 그저 삶을 살아가는 자신만의 방식이라는 것이다. 세상에는 절대적으로 착한 사람도 없고 절대적으로 나쁜 사람도 없다고 생각한다는 그는 사회활동은 웨이트 트레이닝과 비슷하다고 말한다. 나쁜 걸 하다 보면 근육처럼 그 부분이 성장하는데, 신경을 안 쓰고 안 하다 보면 운동 안 하는 근육처럼 줄어든다는 것이다. 마찬가지로 좋은 일을 해서 좋은 부분이 성장하고, 그것이 인생의 나쁜 부분들을 압도하는 순간, 자신의 인생이 좀 더 건강해진다고 그는 믿는다. 어떤 거창한 목표나 명확한 가치관이 있다기보다는 좋은 쪽을 많이 발달시킨다는 생각으로 습관처럼 의미 있는 일을 실천하고 있다.

성공한 사람들의 세 가지 루틴

대중 문화인으로서, 그리고 대중 예술인으로서 당연히 해야 한다는 생각으로 위안부 피해자 할머니, 세월호 유족들에게 기부하는 모습은 그가 나눔의 가치를 아는 따뜻한 인성의 소유자라는 것을 보여준다. 특히 자신도 어려운 시기에 미래의 스노보더 청소년들에게 개인 사비를 털어 장학금을 수여한 일화는 많은 사람들에게 따뜻한 감동을 안겨주었다.

그는 건강한 정신으로 삶을 살아간다. 혼자만의 능력으로 성공했으니 나만 잘 먹고 잘 살면 된다가 아니라, 이 재능이 사회적으로 인정받아 경제적인 도움을 받았으니 사회에 환원하는 건 당연하다는 생각으로 나눔을 실천하고 있는 것이다.

세상에 잘난 사람은 많다. 하지만 나의 재능과 부를 다른 사람과 나눌 때 더 행복해진다고 생각하는 사람은 많지 않다. 박재민은 그 흔하지 않은 길을 걷고 있고, 때문에 그의 하루하루는 언제나 즐겁고 건강하다.

◈ 이타심도 노력하면 가질 수 있다 ◈

박재민은 자신의 재능과 부를 다른 사람들과 나누면서도 그것이 당연한 일이라고 말한다. 이렇게 '보상받으려는 기대 없이 다른 사람에게 이익이 되려는 마음'을 이타심이라고 한다. 이런 이타심은 천성적으로 가지고 태어나야 하는 기질이라 생각하기 쉽지만, 사실 노력하고 연습하면 가질 수 있는 기질이기도 하다.

천성이든 교육을 받아서이든 이타적인 사람들은 두 가지 특징을 보인다. 첫째, 동정심의 범위가 넓다. 대부분의 사람들은 가족이나 친구에게만 관심을 갖지만, 이들은 가족이나 친구는 물론이고 모르는 사람들에게까지 관심을 갖는다. 둘째, 이타적인 사람들은 전체 안에서의 '나'를 생각한다. 보통 사람들은 '이 일이 나에게 이득이 되는 일인가'를 생각하지만, 이타적인 사람들은 '이 일이 우리에게 이득이 되는 일인가'를 먼저 생각한다.

이타심은 내가 손해를 보면서 다른 사람을 돕는 마음이 아니라, 전체 속에서 나를 바라보는 마음이다. 이타적인 사람을 실속 없이 착하기만 한 사람이라고 왜곡해보는 것은 이타심에 대한 제대로 된 이해가 부족하기 때문이다.

전천후 프로 작가 서민재의 🅱🆃🆂
시간에 자유를 주고
하루를 과업으로 관리하라

나는 특별할 것 없는 이야기를 쓰는 작가다. 글쓰기, 그리고 달리기를 평생 실천하고 싶었던 나는 드문드문 실천하던 행동들을 삶의 습관으로 각인시키기 위해 '100일 매일 글쓰기'와 '100일 매일 달리기'를 시도했고, 그 성공 경험을 바탕으로 매일을 살아가고 있다.

달리기로 얻은 자신감과 성취감

나는 매일 달린다. 나의 신체 루틴은 뛰는 루틴이다. 이 생활을 1년 넘게 유지하고 있다. 100일 동안 매일 달리기에 성공한 이후의 변화다. 처음 100일간은 하루도 빠짐없이 매일 달렸다. 보통 하루에 3~5km를 달렸다. 아침에 달릴 때도 있었고 저녁에 달릴 때도 있었다. 이후에는 달리는 일이 일상에 자연스럽게 녹아들었다.

사실 나는 달리기를 엄청 싫어했던 사람 중 하나였다. 하지만 체력 유지를 위해 시작했다. 많고 많은 운동 중 달리기를 선택한 이유는 꾸준히 하는 습관을 갖기 위해서였다. 한 종목을 정하는 것이 루틴 형성에 도움이 되겠다는 생각도 있었다.

꾸준히 달리면서 정말 많은 것을 얻었다. 더 건강한 신체와 마음가짐을 갖게 되었고, 돈을 주고도 사기 힘든 끈기와 꾸준함이라는 강점을 얻었다. 100일 도전을 완수했다는 성취감, 나도 할 수 있다는 자신감도 얻었다.

처음엔 나도 정말 뛰고 싶지 않았다. 솔직히 운동은 귀찮고 지루하다. 하지만 일단 저질렀다. 무조건 밖으로 나가서 뛰었다. 그렇게 저지르고 나면 생각보다 기분이 상쾌해진다. 성취감도 생긴다. 그 기분을 담고 계속, 무조건, 일단 밖으로 나가는 것이 중요하다.

목표를 세울 때 지나치게 공을 들이지 않는 것이 중요하다. 목표만 세우다 시작도 못하는 경우를 경계해야 하기 때문이다. 물론 목표는 중요하다. 지향점이 있어야 계속 나아갈 수 있는 힘이 생긴다. 하지만 이것 때문에 두려움이 커지면 안 된다. 일단 시작하면 목표는 얼마든지 수정할 수 있다.

물론 실천은 쉽지 않다. 그래서 주 5회 4~5km를 뛴다는 계획이 현실성 있는지 모른다. 이 역시 쉬운 일은 아니다. 그러나 한 달에 100km라고 하면 그 목표의 무게에 짓눌릴 수도 있지만, 매일 3~4km라고 하면 실현 가능한 것으로 다가온다.

하나의 행동을 아주 오래 반복하면 의식하지 않아도 행동할 수 있게 된다. 초보운전이라고 크게 써 붙인 차를 끌던 때와 너무도 쉽게 운전하는 경력 10년차 때를 비교해보면 무슨 말인지 이해할 수 있을 것이다. 한 행동이 뇌의 의식 영역보다 더 깊숙한 곳으로 들어가 절차적인 기억과 습관으로 굳어지면 된다. 이렇게 좋은 습관을 하나씩 뇌의 깊은 곳에 새기는 일, 이게 바로 루틴이다. 성공이란 아주 작은 습관을 쌓아가는 일인지도 모르겠다.

작은 성취는 분명 또 다른 성취로 이어진다. 성공적으로 하나의 루틴을 만들어본 사람은 또 다른 루틴을 삶에 들일 수 있다. 이제는 새로운 루틴을 물색할 때다. 당신은 어떤 루틴을 삶으로 데려오고 싶은가?

시간에 얽매이지 않는 루틴의 루틴화

나는 기본적으로 '시간의 구애 없이' 행하는 '과업 형태'의 루틴을 실천한다. 나도 처음에는 시간으로 구분된 루틴을 시도했다. 오전 10시에 글쓰기, 오후 5시에 달리기 같은 식이다. 인간은 일반적으로 오전에 더 이성적이고, 어두워지면 감성적인 성향을 나타낸다고 한다. 시간대에 따른 감정이나 능력의 변화가 있기에 시간에 따라 루틴을 나누는 것이 더 효과적일 거라는 판단에서였다.

그러나 시간별 과업으로 구분된 루틴은 나에게 지나친 압박을 주었다. 그리고 돌발 상황에 대응하기 어려웠다. 현재는 시간에 얽매이기보다는 그날의 루틴을 자정이 지나기 전에 해내려 노력하고 있다. 자정을 일종의 데드라인 삼아 몇 가지의 과업을 수행하고 있는 것이다.

나는 1일 1포스팅, 즉 매일 하나 이상의 콘텐츠를 인스타그램에 업로드한다. 지속적으로 카드 뉴스 형태의 글과 도서

리뷰를 올리고 있다. 사실 대단한 것은 없다. 특별할 것 없는 이야기들이다. 그러나 콘텐츠라는 도구로 다양한 사람들과 소통하며 서로의 생각을 나눌 수 있다는 사실이 신기할 때가 있다.

물론 콘텐츠 크리에이팅 루틴은 SNS 채널을 성장시키는 데 도움이 된다. 그러나 나는 콘텐츠 제작이라는 좋은 습관을 얻을 수 있다는 측면에서 이 루틴의 장점을 이야기하고 싶다. 계속 콘텐츠를 만들다 보면 시간이 조금씩 줄어들고, 조금 더 익숙해지면서 슬슬 재미있어진다.

나는 가능한 오전에 콘텐츠를 제작하려 한다. 비교적 신체적 에너지가 가득한 시간에 가장 중요한 일을 끝마치기 위해서다. 일반적으로 우리는 오전에 에너지가 더 많다. 그래서 오전에 최대한 콘텐츠 제작을 마무리한다. 업로드는 나중에 하더라도 콘텐츠 제작은 미리 한다.

이런 창의적인 일을 할 때는 아이디어 확보가 굉장히 중요하다. 나는 일상의 경험 등 스쳐가는 생각 중에서 유의미한 것들을 그때그때 메모한다. 이렇게 평소에 메모한 내용을 바탕으로 콘텐츠를 제작한다. 별것 아닌 메모장이 가장 좋은 아이디어 노트인 셈이다. 메모도 습관이다. 처음에는 귀찮지만 연습하다 보면 버릇처럼 메모하는 자신을 발견하게 될 것이다.

창의적인 일을 하려면 시간과 아이디어 관리가 가장 중요하다. 나는 그 역량을 강화하기 위해 시간을 풀어주는 루틴을 택했다. 시간에 얽매이기보다는 과업을 몇 개 정해서 그것을 하루에 완료하는 방식이다. 그렇게 하루를 루틴화함으로써 부담 없이, 여유롭게 하고 싶은 일을 한다. 루틴의 고정된 방식에서 벗어나니 새로운 루틴이 보였다.

감정을 글씨로 써서 객관적으로 보다

좋은 습관을 가져야 하는 이유는 그게 단순히 좋기 때문만
은 아니다. 나쁜 습관을 가지기 너무 쉽기 때문이다. 나쁜 습
관이 비집고 들어올 자리에 좋은 습관을 채워 넣어야 한다.
이렇게 좋은 습관을 천천히 쌓아가는 것이야말로 자기 주도
적으로 사는 길이자, 외부의 의도에 휘둘리지 않고 사는 길
이다.

그냥 가만히 있으면 우리 내면을 고요하게 유지할 수 있
을까? 그렇지 않다. 깊은 산속 암자에 있지 않는 이상 쉽지
않은 일이다. 수많은 사람과 유혹과 알림이 우리를 찾을 것
이기 때문이다. 그래서 나는 내적인 고요함을 유지하기 위해
적극적으로 대처한다. 부정적, 비의도적, 순간적 외부 자극
을 최대한 차단하고 적극 제거한다. 유난스럽다고 생각할 수
도 있다. 그러나 나는 감정적 동요가 심한 성향이라서 유별
나 보일 만큼 적극적으로 대처해야 한다.

우선 기본적으로 모든 연락을 최소화한다. 스마트폰 알림도 마찬가지다. 각종 앱 알림은 수신 거부하거나 반드시 필요한 것은 무음으로 설정한다. 문자 및 메시지 수신음도 없다. 통화 이외에 모두 무음으로 설정한 것이다. 이렇게 차단을 해도 하루 수십 번씩 스마트폰을 확인하기 마련이다. 미처 확인하지 못한 연락은 이동을 하거나 차를 마시거나 산책을 하다가 확인한다. 그렇게 해도 큰 문제가 없다. '정급하면 전화가 오겠지.' 하는 생각으로 내 일에 집중한다. 이

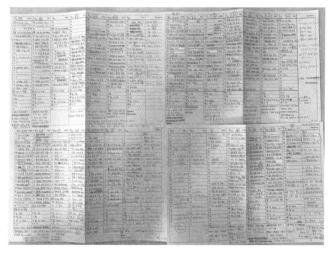

매일매일의 감정을 글로 적어서 객관적으로 보려고 노력한다.

렇게까지 집중에 방해가 되는 요소를 막는 이유는 업무 전환에 소요되는 시간을 아끼기 위해서다.

감정이 유난히 요동칠 때 그 감정을 노트에 기록하는 것도 나만의 마음 관리법이다. 주로 부정적인 상황에서 벗어나기 위해, 더 객관적으로 스스로를 관찰하기 위해서다. 부정적인 생각이 떠오를 때면 바로 빠져나와야 한다. 그렇지 않으면 꼬리에 꼬리를 무는 나쁜 생각으로 더 깊은 우울 또는 자기혐오에 빠질 수 있다. 그런 부정적 생각이 고개를 들 때마다 나는 노트 맨 위에 그 문제를 크게 적는다. '나는 지금 왜 A를 미워하는가?' '내가 지금 우울한 이유는 무엇인가?' 같은 식으로 말이다. 그리고 차분하게 그 이유와 나의 상태를 기록한다. 내 감정에 그대로 마주하는 것이 중요하다. 있는 그대로 자신의 감정과 상황을 노트에 적으면 된다.

이런 감정 관리법은 정신건강에 매우 큰 도움을 준다. 과도하고 지나치게 감정적인 생각은 가능한 빨리 없애는 게 좋은데, 그럴 때 이성적으로 접근하면 감정을 객관적으로 바라보고 가라앉히는 데 도움이 된다. 감정은 가만히 두면 자꾸만 커지고 자란다. 그것을 관리하고 것도 연습이고 습관이다.

◈ 감정도 관리해야 한다 ◈

감정도 제대로 관리해야 한다. 감정을 관리한다는 것은 자신의 감정을 직시하고 부정적인 감정을 바꾸어 일정한 균형을 유지한다는 뜻이다. 감정을 관리하지 못하면 감정이 삶을 지배하게 되고, 정신적으로 큰 상처를 입고 스트레스를 받는다. 올바른 감정 관리법에 대해 알아보자.

1. 자신의 감정을 인정한다
모든 감정에는 이유가 있다. 따라서 감정을 나쁘다 좋다로 극단화하는 것은 좋지 않다. 감정을 관리하기 위해서는 감정을 해석할 줄 알아야 한다. 감정은 우리에게 무언가 해결되어야 할 일이 있다고 말을 거는 것이다.

2. 감정을 느낀다
모든 감정은 타당하며 표현될 권리가 있다. 감정을 억제하는 것은 감정을 다스리는 올바른 방법이 아니다.

3. 감정을 관찰한다
지금 자신이 느끼는 감정이 분노인지, 좌절감인지, 슬픔인지 식별할 수 있도록 조용히 관찰해야 한다. '나는 지금 왜 이런 감정을 느끼는가?' '이 감정은 언제부터 생겼는가?' 하는 식으로 자신에게 질문을 던지면서 감정의 정체를 확인한다.

심신통합 치유전문가 이주아의 BTS
명상으로
억눌린 삶을 자유롭게 하다

나는 개인적인 아픔으로부터 나를 살리기 위해 명상을 배우
고 익히기 시작해, 2022년 현재 약 25~26년간 명상 루틴
을 이어오고 있다. 세계적 명상가들이 이야기하듯이 명상은
다양한 방법론에 따른 행위일 뿐만 아니라, 존재 방식을 의
미한다. 내가 말하는 명상 루틴은 특정 행위를 통한 명상 루

틴이기도 하고, 삶의 희로애락과 길흉화복, 그리고 생로병사를 경험하면서 살아가는 삶의 현장에서 현상에 휘둘리지 않고, 그 이면의 본질을 보는 명상적 성찰과 그 성찰에 따른 존재방식이기도 하다. 그리고 그것은 고정된 것이 아닌 끊임없이 더욱 깊어지고 넓어지며 변화하고 성장하는 삶의 여정 속에서 늘 진행되는 것이다.

나는 심력연구소 심스쿨 대표로서 마음챙김명상을 비롯한 다양한 몸과 마음명상을 통합적으로 안내하는 통합명상지도자이며, 다양한 통합적 치유기법을 활용하는 심신통합치유전문가로 활동하고 있다. 20여 년간 명상, 심리, 건강, 영성 분야를 통합해 기업, 단체, 개인과 가족들에게 프로그램을 보급하면서 현대인들의 몸, 마음, 삶의 깨어남의 여정을 안내하고 있다. 명상 루틴을 통해 개인의 건강한 심신과 의식 성장이 가족과 조직으로 확장되고 궁극에는 지구촌의 의식 성장으로 이어져 더욱 건강하고 아름다운 세상을 만들어가는 우리가 되기를 소망하는 마음으로 활동하고 있다.

 BODY :

경락 마사지로 아침을 깨우다

나는 일어나자마자 그대로 자리에 누워 도구를 활용해 몸을
푼다. 에너지가 흐르는 길인 경락과 에너지가 들고 나는 경
혈 관리를 통해 컨디션을 유지하기 위해서다. 이러한 도구
활용 기법은 기업에서 건강 교육을 할 때도 종종 활용하는
데, 아무래도 직접 몸을 자극하기 때문에 느끼기가 편하고,
몸의 변화가 빠르게 느껴지기에 반응이 꽤나 좋다.

먼저 경침, 또는 베개나 룸바 등을 등에 받치고 양팔을
머리 위로 올린 후 흉곽을 열고 가슴호흡을 한다. 몸 앞쪽으
로 흐르는 임맥과 뒤쪽으로 흐르는 독맥을 자극하고, 특히
스트레스에 가장 민감한 혈자리인 단중혈을 열어주어 몸의
면역력을 회복하는 동작이다. 흉곽이 열리면서 호흡이 깊어
지고, 뇌에 혈액과 산소공급량이 많아지면서 순환이 좋아지
고, 몸속 노폐물 정화에도 도움이 된다.

그다음으로는 경침을 베고 고개를 도리도리 움직이면서

뒷머리 아래쪽의 혈자리를 풀어준다. 아문혈, 천주혈, 풍지혈 등 머리, 얼굴, 목, 어깨 쪽의 통증과 밀접하게 관련되어 있는 혈자리들을 풀어 순환을 좋게 하려는 것이다.

그다음에는 척추 지압볼로 꼬리뼈부터 척추, 경추 전체를 풀어준다. 7개의 경추, 12개의 흉추, 5개의 요추, 그리고 선추와 미추는 인체의 장기를 비롯해 몸 전체와 연결되어 있어 각각의 상응점이 된다. 예전에 자동차 접촉사고로 척추에 충격을 받은 적이 있는데, 살면서 경험해보지 못한 호흡 곤란과 위장의 불편함을 경험했다. 한의원에 가서 척추를 교정하고 풀어주면서 회복했는데, 이때 척추와 장기의 연결성이 더 깊이 이해되었다. 꼬리뼈에서부터 지압볼의 위치를 옮겨가며 척추, 경추 전체를 자극하면 건강에 큰 도움이 된다.

그러고 나서 땅콩볼을 배꼽에 대고 엎드려 장을 푼다. 모든 질병은 장에서 비롯되고, 인체 70% 면역이 장에 존재한다는 것은 이제 일반인들에게도 건강 상식이다. 이렇게 장을 풀어주면 면역력이 높아지고 장 기능도 개선된다.

아침에 일어나서 이 도구 운동을 하면 하루가 가벼워진다. 자신의 몸을 돌볼 사이도 없이 바쁘게 살아가는 현대인들의 건강 관리에 도움이 되는 10분 내지 15분의 건강 투자다.

이주아의 T TALENT :

꼬리에 꼬리를 무는 배움의 흐름을 인지하라

고3때 시작한 명상 공부는 다양한 몸에 대한 공부, 마음에 대한 공부, 삶에 대한 공부와 영성 공부 및 통합심신치유 공부로 나를 이끌었다. 스무 살 때 명상강사 자격증 시험을 보던 날, 너무 긴장한 나머지 입이 바짝바짝 마르더니 입술이 떨어지지 않았던 기억이 있다. 결국 강단에서 한마디도 못하고 그냥 들어왔고, 당연히 시험에 떨어졌다. 물론 재도전을 해서 합격했지만 말이다.

그때를 시작으로 지금까지 나는 늘 배운다. 넉넉하지 않은 형편임에도 무언가 배우고 싶어지면, 어떻게 해서든 돈을 마련해서 배우기를 반복했고, 그러다 보니 억 단위를 훌쩍 넘게 투자하며 공부를 했다. 통합명상, 심신치유, 자연치유, 운명학, 심리진로 진단학, 코칭, NLP, 최면을 비롯해 정말 많은 것들을 배우고 경험할 수 있는 시간이었다. 지금까지도 나는 여전히 매년 적게는 수백에서 많게는 천 단위 이

성공한 사람들의 세 가지 루틴

상의 금액과 그 이상의 시간을 투자해 새로운 배움을 이어간다. 어찌 보면 끊임없는 배움과 성장 속에서 살아가는 것이 삶의 여정이고, 그것이 평생교육시대의 모습이니 당연한 것이기도 하다.

역량을 키우려면 배움에 대한 열정만큼이나 열린 마음이 필요하다. 무엇을 꼭 배우고 자격증을 따야겠다는 목표보다는 배움에 대한 열린 태도가 중요하다.

하나의 배움이 이루어지면 자연스럽게 내면에 다른 의문이 들면서 또 다른 배움 거리를 찾게 되거나, 배움의 학문과 인연이 연결되는 식의 흐름이 있다. 그 흐름을 포착해서 연결고리를 이어주는 게 배움의 즐거움이기도 하다. 가슴에서 일어나는 강렬한 끌림의 소리에 귀 기울이고, 그것을 따르는 것이 공부를 지속하는 데 무엇보다 중요하다.

많은 것을 배우는 것보다 더 중요한 것은 하나를 배워도 깊이 있게 배우고 자기 것으로 만들어 활용하는 것이라고 생각한다. 나는 어떤 영역은 깊이 다루었고, 일부 영역은 적당히 다루면서 나의 기질에 맞게, 그리고 나의 내적 욕구와 흐름에 맞게 배움을 지속해왔다. 하지만 동시에 많은 것을 배우다 보니 때로는 깊이가 얕아질 때도 있었던 것이 사실이다. 그럼에도 진짜 나에게 필요한 공부는 나중에 다시 인연이 되어 기필코 끝을 보게 만드는 흐름 또한 존재함을 경험했다.

자신의 삶의 흐름을 신뢰하고, 투명하게 자신의 내면과 소통하고 용기 있게 배움에 도전하면 된다. 그것이 재능 루틴에서 가장 중요한 태도다.

 이주아의 ⓢ SPIRIT :

몸, 마음, 삶의 본질적 지혜와 마주한다

내 삶에서 명상은 떼려야 뗄 수 없는 세계다. 보통 명상을 마음과 관련된 것으로 생각하는 게 일반적이지만, 명상이란 기본적으로 몸을 매개체로 하기에 몸과 마음에 관한 것이다. 더 나아가 명상은 인간의 몸, 마음, 정신 등을 구성하는 모든 것과 인간의 생사, 길흉화복, 희로애락을 비롯한 삶 전체에 관한 것이다.

"명상은 하나의, 혹은 일련의 테크닉이 아닌 존재 방식이다. 모든 기법은 존재의 방식을 가리키는 수단이다. 존재의 방식, 보는 방식, 앎의 방식, 심지어 사랑의 방식처럼."

현대 마음챙김명상의 대중화를 선도한 MBSR 명상의 개발자 존 카밧진Jon Kabat-Zinn 박사의 메시지다. 명상은 행위Doing 모드에서 존재Being 모드로의 이동이다. 그 행위에 집중하기보다 그 행위를 하는 마음의 의도, 행위 이면의 존재 모드로의 변환, 존재 방식으로의 지혜다.

나는 매달 새로운 주제를 정해서 회원들과 함께 그 주제에 맞는 새벽 루틴 명상을 진행하거나 '명상심리클럽 한템포' 명상월례모임을 통해 심력통합명상을 진행한다. 그리고 눈을 뜨자마자 하는 꿈 복기 명상부터 잠자리에 들기 직전에 하는 가슴 느끼며 일과 돌아보기 명상까지 상황에 맞는 루틴 명상을 일상 중에서도 실천한다. 하지만 어떤 명상을 진행하든 그 안에 담긴 기본은 고요함이다. 정말 여유가 없을 때는 단 5분이라도 고요한 시간을 갖는다.

사람들에게 몸과 마음, 삶이 깨어나는 여정을 안내하는 마음 지도자로 살아오고 있다.

고요함은 사전적 의미로 조용하고 잠잠한 것을 의미한다. 즉 움직임이나 흔들림 없이 잔잔해지는 것이다. 사람의 마음은 물과 같아서 흔들지 않고 가만히 두면 고요해진다고 한다. 그런데 보통 그 고요함에 이르지 못하도록 흔드는 것은 아이러니하게도 외부의 것이 아니라 내부의 생각과 감정, 그러한 마음이다. 그러니 고요하고 싶을 땐 고요할 수 있는 방법을 알아야 한다. 과거와 미래에 대한 생각에서 빠져나와 고요함을 회복하는 가장 기초적인 방법은 현재에 있는 오감적인 요소에 주의를 두고 머무르는 것이다. 가장 보편적인 것은 호흡에 주의를 두는 것이지만, 엄지발가락 하나만 느끼고 있든, 요즘 청년들이 하듯이 불멍을 하든 한 가지에 주의를 두고 머무는 것이 중요하다.

내가 일과를 시작하기 전에 하는 루틴 명상 중 일부를 공유해보면 다음과 같다. 먼저 호흡 관찰을 통해 고요함을 회복한다. 그 고요함 속에서 새로운 하루를 맞이함에 대한 것과 많은 유무형의 것들에 대해 감사명상을 한다. 감사 명상을 마친 후에는 5분간 나와의 대화 명상을 한다. 집에 마련된 별도의 명상 룸에는 명상용 매트와 책과 도구들이 준비되어 있는데, 가장 가운데에 있는 것은 커다란 칠판이다. 그

칠판에 나의 정체성(나는 누구인가, 무엇이 나의 실체인가), 생의 목적(내가 태어난 이유), 삶의 미션(매 순간 숨쉬는 생명이 내게 주어진 이유는 무엇인가)과 비전(평생 목표, 연간 목표)이 적혀 있다. 그것을 바라보면서 스스로 정립한 정체성을 읊어보고 생의 목적을 읊어본다. 그리고 그 정체성과 생의 목적에 맞는 삶의 전체 그림과 굵직한 비전과 미션들을 떠올리고 생생하게 그리면서 내면을 느끼고 명상하는 시간을 갖는다. 그러다 보면 하루하루 내 삶이 내가 정한 생의 목적에 맞게 꿰어져가기를 바라는 희망과 내게 주어진 생명과 시간에 대한 고귀함, 그리고 주어진 생명과 시간을 잘 활용하고 싶은 간절함으로 가득해지곤 한다.

자신에게 가장 와닿는 이슈, 그것이 무엇이든 그것을 마주하고, 그것과 관련된 본질적인 지혜를 자신의 몸과 마음, 그리고 삶에서 발견할 수 있도록 안내해주는 것이 명상이다. 몸과 마음에 주의를 기울이는 시간, 고요함을 회복해 몸과 마음의 소리를 더 잘 들어보는 시간 정도라고 편하게 생각하고, 할 수 있는 가장 쉬운 것부터 시도해보면 새로운 것이 들리고 보일 것이다.

◈ 어떤 명상이 나에게 맞을까? ◈

명상의 종류는 크게 두 가지로 나뉜다. 집중명상과 통찰명상이다. 방법론적으로는 수십 가지에 이를 만큼 다양하다. 크게는 움직임을 동반한 동적명상과 움직임 없는 정적명상으로 나눌 수 있다. 예를 들면, 걷기명상, 먹기명상, 자애명상, 춤명상, 만트라명상, 호흡명상 등이 있다.

1. 집중명상
하나의 특정한 대상에 주의를 기울여 집중하면서 깊고 고요한 상태에 이르게 하는 명상.

2. 통찰명상
대상들을 관찰자 시점, 혹은 주시자 시점에서 객관화하여 바라보면서 대상의 특성에 대한 본질을 알아차려 지혜를 얻는 명상.

3. 동적명상
걷기명상, 춤 명상 또는 기공명상처럼 몸의 움직임을 동반한 명상.

4. 정적명상
호흡명상, 만트라명상 또는 자애명상처럼 몸의 움직임 없이 정적으로 진행하는 명상.

성공한 사람들의 세 가지 루틴

초판 1쇄 발행 2022년 12월 26일

지은이 레오짱 이주아 서민재 최윤희 최지희 황성원
펴낸이 정덕식, 김재현
펴낸곳 (주)센시오

출판등록 2009년 10월 14일 제300-2009-126호
주소 서울특별시 마포구 성암로 189, 1711호
전화 02-734-0981
팩스 02-333-0081
전자우편 sensio@sensiobook.com

편집 최은영
디자인 김미성(섬세한 곰 bookdesign.xyz)

ISBN 979-11-6657-086-5 03190

소중한 원고를 기다립니다. sensio@sensiobook.com